> 実践事例でわかる！

アクティブ・ラーニングの 学習評価

早稲田大学教職大学院教授
田中博之
Hiroyuki Tanaka

小・中学校対応

学陽書房

はじめに

子どもの「深い学び」を生み出す学習評価のあり方

　2020年度に小学校から順次全面実施となる新しい学習指導要領の特徴が、少しずつ明らかになっています。中央教育審議会が2015年8月に「論点整理」を、そして2016年12月に「答申」を出して、新学習指導要領の改訂のキーワードを、「アクティブ・ラーニング」にしたことはすでにご存じのことでしょう。

　アクティブ・ラーニングは、「論点整理」の中では、「課題の発見・解決に向けた主体的・協働的な学び」と定義されましたが、それより新しい「答申」においては、「主体的・対話的で深い学び」というように特徴づけされています。

　もう少しわかりやすくいえば、「主体的・対話的で深い学び」とは、「子どもたちが対話を通して協力しながら進んで課題の解決に取り組み、自分の意見や考え、作品を改善するとともに、演技や表現、運動のスキルアップを図る学び」であるといえるでしょう。

　2017年2月14日に出た学習指導要領（案）では、こうした「主体的・対話的で深い学び」の具体的な姿や、それを通して身につける資質・能力（思考力・判断力・表現力など）を明記していますから、これまで通りの講義中心の授業や、教科の基礎的な内容の習得を中心とした授業、あるいは、基本的な例題の練習と定着のための反復練習を中心とした授業だけでは対応できなくなるのです。

　では具体的にどのような授業を構想し実践していけばよいのでしょうか。そのための指南書として、『アクティブ・ラーニング実践の手引き』（田中博之著、教育開発研究所、2016年）を出版しました。幸いなことに、実践事例と実践指針を豊富に提供したことにより、好評を得ることができました。読者の皆様に、心より御礼申し上げます。

しかし、「では、アクティブ・ラーニングに必要な評価はどうすればいいか？」「授業中の評価だけでなく、子どもの作品評価や評定のあり方も知りたい」「今流行のパフォーマンス評価やルーブリック評価ってどうすればいいの？」といった、読者からのニーズが大きいことに気がつきました。

　そこで、アクティブ・ラーニングのための学習評価の入門書を書いて、学校の先生方はもちろんのこと、教育委員会の先生方、大学や大学院で学ぶ学生の皆さんに、具体的な評価の考え方や方法を紹介しなければと思うようになりました。

　ありがたいことに、学陽書房編集部の河野史香さんのお薦めをいただき、本書をまとめることができました。記して感謝申し上げます。

　アクティブ・ラーニングによる「深い学び」は、1つの評価手法から生まれるものではありません。技法としては、付箋紙法、ルーブリック法、アンケート法、ICT活用法、対話法などがあります。そして方法としては、子どものための学習評価と教師のための授業評価があります。また、視点としては、自己評価と相互評価があり、さらに、授業中の評価もあれば、指導要録に記載する評定、定期考査の改善から全国的な学力調査の活用までをレパートリーとして学ぶ必要があります。

　こうした多様な方法を組み合わせてバランスの取れた評価を行うことが、「主体的・対話的で深い学び」の成果を高めることにつながります。

　「評価のアクティブ化が授業を変える！」

　このメッセージを具体化した本書を、ぜひ明日からの実践に生かしてください。きっと、多くのアイデアが生まれることでしょう。

2017年2月吉日
早稲田大学教職大学院
教授　田中博之

実践事例でわかる！ アクティブ・ラーニングの学習評価　もくじ

はじめに ……… 2

第 1 章
アクティブ・ラーニングの学習評価はどうすればいいの？

そもそも、アクティブ・ラーニングって何？ ……… 10
学習指導要領に、育成を目指す資質・能力が明記される ……… 12
教科等横断的な資質・能力の
評価が求められる時代になった ……… 14
指導要録や通知表では、評価の観点がどう変わる？ ……… 16
「深い学び」を生み出す「見方・考え方」とは何か？ ……… 18
中央教育審議会「答申」が提案する学習評価とは？ ……… 22
「主体的な学び」を生み出す学習評価のあり方 ……… 24
「対話的な学び」を生み出す学習評価のあり方 ……… 26
「深い学び」を生み出す学習評価のあり方 ……… 28

第 2 章
すぐできて学習効果が高まる！アクティブ・ラーニングの自己評価

子どもは自己評価を通して劇的に育つ！ ……… 32

課題づくりチェックシートで、課題発見力を高めよう ……… 34
付箋紙法で、自分の作品の練り上げをしよう ……… 36
振り返りチェックシートで、観点別自己評価をしよう ……… 38
ウェビング法で、自己成長を実感できる ……… 40
自己目標設定法で、スキル習得を可視化・意識化する ……… 42
タブレットの録画機能で、自分の動きの振り返りができる ……… 44
アンケート法で、学習を改善すれば成績がアップする！ ……… 46

第3章
学びがぐんと深まる！
アクティブ・ラーニングの相互評価

相互評価は協働的な学びを加速させる！ ……… 54
付箋紙法で、友だちの作品の中間評価ができる ……… 56
相互評価カードで、
友だちの作品のレベルアップを促す ……… 58
作戦ボード法で、戦術や方法の練り合いができる ……… 62
ビデオ動画法で、パフォーマンスの修正・改善ができる ……… 64
評価セッションで、友だちの成長を認め励まし合う ……… 66
成長発表会で、多様な資質・能力を認め合う ……… 68
アンケート法で、身につけた力を相互チェックできる ……… 70

第4章
学びの基準が明確になる！
ルーブリックによる評価

アクティブ・ラーニングの学習評価には
ルーブリックが不可欠 ………………………………… 74

ルーブリック評価で、身につける資質・能力の
基準を可視化する！ …………………………………… 76

ルーブリックの作成手順はとてもカンタン！ ……… 78

創作力を見る「作品評価」をやってみよう ………… 80

知識構造化力を判定する「レポート評価」のやり方 … 84

思考力や表現力を測る「パフォーマンス評価」とは … 88

目標達成力を判断する「プロジェクト評価」とは … 92

身につけた資質・能力を判断する
「スキル評価」にチャレンジ ………………………… 96

第5章
実践事例が満載！
教科別ルーブリック評価

小学校の実践事例① 国語科 ………………………… 102

小学校の実践事例② 算数科 ………………………… 106

小学校の実践事例③ 理科 …………………………… 110

小学校の実践事例④ 社会科 ………………………… 114

中学校の実践事例①	国語科	118
中学校の実践事例②	数学科	122
中学校の実践事例③	理科	126
中学校の実践事例④	社会科	130
中学校の実践事例⑤	外国語科（英語科）	134

第 章
単元テスト・定期考査の改善と学力調査の活用はどうする？

- アクティブ・ラーニングを学力向上にどうつなげるか？ ……… 140
- 単元テストの改善が小学校教育を変える！ ……………………… 142
- 定期考査の改善が中学校教育を変える！ ……………………… 146
- 学力調査Ｂ問題の選び方と授業での解決方法（小学校編）… 150
- 学力調査Ｂ問題の選び方と授業での解決方法（中学校編）… 156
- ルーブリック評価の結果を、評定へ算入してみよう！ ………… 160
- 全国学力・学習状況調査「結果チャート」を活用しよう！ …… 162
- 児童生徒質問紙にある
  「アクティブ・ラーニング項目」はこれだ！ ……………………… 166

おわりに ……… 170
掲載写真提供一覧 ……… 172
参考文献一覧 ……… 173

第 **1** 章

アクティブ・ラーニングの学習評価はどうすればいいの？

そもそも、アクティブ・ラーニングって何？

☑ アクティブ・ラーニングは、「主体的・対話的で深い学び」

　アクティブ・ラーニングとは、今から30年ほど前に、アメリカの大学で講義式授業を改善する取り組みとして始められたもので、学生の能動性を活かした多様な対話型を実施する学習方法です。

　中央教育審議会では、その視点を生かした授業改善を進めるために、2016年12月21日に出された「幼稚園、小学校、中学校、高等学校及び特別支援学校の学習指導要領等の改善及び必要な方策等について（答申）」（以下、「答申」という）において、アクティブ・ラーニングを、「**主体的・対話的で深い学び**」と定義しました。

　ただしこれだけではわかりにくいので、「答申」の中にある、「主体的な学び」「対話的な学び」「深い学び」という3つのキーワードに沿って、もう少し詳しく見てみましょう。

☑ アクティブ・ラーニング：3つのキーワードと7つの特徴

【主体的な学び】
　学ぶことに興味や関心を持ち、自己のキャリア形成の方向性と関連付けながら、見通しを持って粘り強く取り組み、自己の学習活動を振り返って次につなげる「主体的な学び」が実現できているか。

【対話的な学び】
　子供同士の協働、教職員や地域の人との対話、先哲の考え方を手掛か

りに考えること等を通じ、自己の考えを広げ深める「対話的な学び」が実現できているか。
【深い学び】
　習得・活用・探究という学びの過程の中で、各教科等の特質に応じた「見方・考え方」を働かせながら、知識を相互に関連付けてより深く理解したり、情報を精査して考えを形成したり、問題を見いだして解決策を考えたり、思いや考えを基に創造したりすることに向かう「深い学び」が実現できているか。
（中央教育審議会「答申」（pp.49-50）より）
　この３つのキーワードの中から、さらに大切なポイントを抜き出すと次のようになるでしょう。

> ①見通しと振り返り、②子供同士の協働、③教職員や地域の人との対話、④習得・活用・探究、⑤見方・考え方、⑥知識の関連付け、⑦問題の発見・解決、創造

　しかし、ここで整理した「主体的・対話的で深い学び」の７つの特徴は、とくに新しいものではありませんし、現行（平成20年告示）の学習指導要領でも大切にされています。逆にいえば、新学習指導要領に「主体的・対話的で深い学び」という新しい用語が入ってきても、実際には現状からの継続性を大切にしているのです。

☑ 多様な資質・能力を育てる課題解決的な学習

　以上を整理してここでは、アクティブ・ラーニングとは、「**課題の発見・解決に向けた主体的・協働的・創造的な学びであり、習得・活用・探究という学びの過程に沿って自らの考えを広げ深める対話を通して、多様な資質・能力を育てる学習方法**」であると定義しておきましょう。

学習指導要領に、育成を目指す資質・能力が明記される

☑ 学習指導要領に、育成を目指す資質・能力が明記される

　アクティブ・ラーニング（「主体的・対話的で深い学び」）の特徴は、それほど新しくないとしても、それを導入しようとしたねらいには、これまでの学習指導要領にはない新しい改訂ポイントがあるのです。

　それは、多様な資質・能力の育成という教育目標です。

　いよいよ、今回の学習指導要領の改訂で、21世紀に必要な問題解決的な資質・能力を、教科学習においてもしっかりと育てることが大切であるという認識が強まってきました。そこで、「答申」では、育成を目指す３つの資質・能力が整理されました。

　①各教科等において育まれる資質・能力（p.32）
　②教科等を越えた全ての学習の基盤として育まれ活用される資質・能力（p.34）
　③現代的な諸課題に対応して求められる資質・能力（p.39）

　この中で、これから「主体的・対話的で深い学び」を行う授業において重要になってくるのが、２つめの資質・能力（以下、「教科等横断的な資質・能力」という）になります。つまり、**アクティブ・ラーニングは、21世紀社会で必要な資質・能力を身につけるための学習方法**なのです。

☑ 教科等横断的な資質・能力とは何か

　「答申」においては、読解力や言語能力、情報活用能力、クリティカ

ル・シンキング、統計的分析に基づき判断する力、問題発見・解決能力などをあげています（pp. 34-35）。

　その他にも私案として、たとえば、論理的思考力、論理的説明力、判断力、発見力、目標達成力、対話力、協調力、傾聴力、発想力、仮説検証力、レポート作成力、自己表現力、自己評価力などがあります。文部科学省は、すでに「汎用的な能力」という用語を使って、次のような項目を出しています（中央教育審議会　キャリア教育・職業教育特別部会　資料7）。

- コミュニケーション能力（特に聞く力）
- 粘り強さ（ディシプリン―鍛錬―に通ずる）、我慢（継続）
- 自ら課題を発見し、解決を図る力、自ら目標を立て、行動する力
- 変化や未知の問題への対応力
- 仲良くする能力（協調性）
- 論理的な思考力
- 段取りを組んで取り組む力　など

　これを見るだけでも、これまで総合的な学習の時間で育ててきた問題解決的な資質・能力を、教科学習の中でもしっかりと育てることが、新学習指導要領の真のねらいであることがわかります。

　また、その源流は、OECD（経済協力開発機構）が提案したPISA型読解力やキーコンピテンシーにあります。また、アメリカで提案されている21世紀スキルや、カナダの就業保障スキル、イギリスのキー・スキルなどがベースになっていることはいうまでもありません。

　こうして見てくると、アクティブ・ラーニング（「主体的・対話的で深い学び」）における学習評価のあり方も大きく変わってくることが容易に想像できます。つまり、**ペーパーテストによる知識・理解の習熟度の把握という評価から、多様な方法を用いた教科等横断的な資質・能力の達成度の評価へ**という大きな変化が今まさに到来しようとしているのです。

教科等横断的な資質・能力の評価が求められる時代になった

☑ 教科等横断的な資質・能力の評価に求められる5つの改善点

　では少しずつ、新学習指導要領が求める学習評価のあり方について検討していくことにしましょう。

　アクティブ・ラーニングが導入されると、教科等横断的な資質・能力の評価という視点が強調されるようになりますので、次のような5つの点で評価のあり方の改善が求められるようになります。

　[改善点①]　多面的・多角的な評価を行う
　[改善点②]　ルーブリックでパフォーマンスや作品を評価する
　[改善点③]　子どもの自己評価や相互評価を通して学びを改善する
　[改善点④]　ルーブリック評価の結果を評定に組み込む
　[改善点⑤]　単元テストや定期考査に記述式資料活用問題を入れる

☑ 5つの改善点の具体的な内容

　まず「**多面的・多角的な評価を行う**」とは、子どもの多様な資質・能力を評価の対象にすること、そしてルーブリック、質問紙、客観テスト、論文テストなどの多様な技法を用いて評価することを意味しています。つまり、客観テストで知識・理解の習熟度の把握に偏らないことが大切です。

　次に「**ルーブリックでパフォーマンスや作品を評価する**」とは、子どもの資質・能力の達成度や習熟度をレベル別の判断基準にして評価の観

点ごとに整理した一覧表、つまりルーブリック（判断基準表）を用いて、子どものパフォーマンス（発表、朗読、演奏、演技、スピーチ、運動など）や作品（物語、説明文、レポート、ポートフォリオ、絵画、スケッチ、彫塑、ウェブサイト、新聞など）を評価することです。

　子どもの自己評価力を高めたり、子ども自身に「深い学びにつながる見方・考え方」の観点を意識化させたりするために、ルーブリックを子どもたちにつくらせることも効果的です。

　さらに「子どもの自己評価や相互評価を通して学びを改善する」とは、いつも教師から評価されるばかりではなく、子どもたち自身が評価をアクティブ化して、主体的・対話的で深い評価、つまり自己評価や相互評価を通して自分が取り組んでいるアクティブ・ラーニングをレベルアップしていくことです。

　「ルーブリック評価の結果を評定に組み込む」とは、教師が子どもたちのパフォーマンスや作品をルーブリックで評価した結果を、授業中に子どもに返すだけでなく、学期末や学年末の評定結果に組み入れて、最終的に通知表や指導要録の記載にも組み入れていくことです。このことによって、子どもたちも「主体的・対話的で深い学び」に真剣に取り組むようになりますし、また子どもたちの「主体的・対話的で深い学び」の成果をしっかりと多面的・多角的に評価することになるのです。

　最後に「単元テストや定期考査に記述式資料活用問題を入れる」とは、テスト、考査問題の中に、思考力・判断力・表現力を評価する記述式資料活用問題、つまり全国学力・学習状況調査のＢ問題に代表される活用問題を入れることによって、テストの改善を行い、子どもたちの教科等横断的な資質・能力をしっかりと評価しようとすることです。

　このように、5つの視点で評価の改善を行うことが、今後ますます求められるようになります。本書では、第2章以降でこれらの5つの視点について具体例を示しながらわかりやすく解説していきます。

指導要録や通知表では、評価の観点がどう変わる？

☑ 学力の3要素をふまえた評価の観点の設定

　2017年3月、学習指導要領が改訂・告示されます。その後、改訂を受けて作成される、「学習評価の工夫改善に関する参考資料」において、新しい指導要録のあり方も具体的に定められるようになります。

　その基本的な方向性として、観点別学習状況の評価と目標に準拠した評価をいっそう充実させるために、**評価の観点を、現行の「知識・理解」「技能」「思考・判断・表現」「関心・意欲・態度」という4観点から、「知識・技能」「思考・判断・表現」「主体的に学習に取り組む態度」の3観点に整理する**ようになります。

　このような再整理は、1つには、学校教育法第30条第2項が定める学校教育において重視すべき学力の3要素との整合性をつけるためであり、もう一方で、新学習指導要領で定める、育成を目指す資質・能力の中で、「教科等を越えた全ての学習の基盤として育まれ活用される資質・能力」(「答申」p.34)との対応関係を明確にすることを目的としています。具体的には、次の資質・能力の3つの柱で構成されています。

> 1　生きて働く「知識・技能」
> 2　未知の状況にも対応できる「思考力・判断力・表現力等」
> 3　学びを人生や社会に生かそうとする「学びに向かう力・人間性等」

　もちろん、通知表や学習指導案の表記方法もそれに合わせるようにな

り、評価の観点も、この3つの柱になります。

　ただし、前出の「答申」では、「『学びに向かう力・人間性等』に示された資質・能力には、感性や思いやりなど幅広いものが含まれるが、これらは観点別学習状況の評価になじむものではないことから、評価の観点としては学校教育法に示された『主体的に学習に取り組む態度』として設定し、感性や思いやり等については観点別学習状況の評価の対象外とする必要がある。」（p.61）とされています。

☑ 新しい評価の観点によって何が変わるのか？

　1つめの変化は、「思考・判断・表現」に関わる具体的な資質・能力の項目が学習指導要領に明記されるようになるため、「主体的・対話的で深い学び」を通して次の3つの過程を大切にして子どもたちに身につけさせる指導を行うことが求められるようになります（「答申」p.30）。
- 物事の中から問題を見いだし、その問題を定義し解決の方向性を決定し、解決方法を探して計画を立て、結果を予測しながら実行し、振り返って次の問題発見・解決につなげていく過程
- 精査した情報を基に自分の考えを形成し、文章や発話によって表現したり、目的や場面、状況等に応じて互いの考えを適切に伝え合い、多様な考えを理解したり、集団としての考えを形成したりしていく過程
- 思いや考えを基に構想し、意味や価値を創造していく過程

　2つめとして、「主体的に学習に取り組む態度」の観点において、具体的には、主体的に学習に取り組む態度も含めた学びに向かう力や、自己の感情や行動を統制する能力、自らの思考の過程等を客観的に捉える力など、いわゆる「メタ認知」、自己の感情や行動を統制する力や、よりよい生活や人間関係を自主的に形成する態度等、さらに多様性を尊重する態度と互いのよさを生かして協働する力、持続可能な社会づくりに向けた態度、リーダーシップやチームワーク、感性、優しさや思いやりなど、人間性等、の新しい項目が重視されてきます（「答申」pp.30-31）。

「深い学び」を生み出す「見方・考え方」とは何か？

☑「見方・考え方」とは何か？

　中央教育審議会の議論が深まるにつれて、アクティブ・ラーニングの特徴も強調点が少しずつ変わってきました。2016年12月に出た「答申」では、学びの「深まりを欠くと表面的な活動に陥ってしまうといった失敗事例も報告」(p.52) されていることから、**アクティブ・ラーニングを「深い学び」として再定義**しています。

　そして、「深い学び」を実現するために、「学びの『深まり』の鍵となるもの」(p.52) として、**各教科等の特質に応じた「見方・考え方」が、今後の授業改善等において重要になってくる**と指摘しています。

　では、この「見方・考え方」とは、どのようなものでしょうか。前出の「答申」では、次のように例示しています。

> 　例えば算数・数学科においては、事象を数量や図形及びそれらの関係などに着目して捉え、論理的、統合的・発展的に考えること、国語科においては、対象と言葉、言葉と言葉の関係を、言葉の意味、働き、使い方等に着目して捉え、その関係性を問い直して意味付けることなどと整理できる。(p.33)

　「答申」では、さらに、「各教科等の特質に応じた見方・考え方のイメージ」を別表（別紙）として掲げており、参考になります（資料1-1）。

☑「見方・考え方」の具体例を検討する

　具体的に、この「見方・考え方」とはどのようなものなのかを社会科を例に見てみましょう。「答申」には、次のように定められています。

> 　「社会的な見方・考え方」は、課題を追究したり解決したりする活動において、社会的事象等の意味や意義、特色や相互の関連を考察したり、社会に見られる課題を把握して、その解決に向けて構想したりする際の視点や方法であると考えられる。そこで、小学校社会科においては、「社会的事象を、位置や空間的な広がり、時期や時間の経過、事象や人々の相互関係などに着目して捉え、比較・分類したり総合したり、地域の人々や国民の生活と関連付けたりすること」を「社会的事象の見方・考え方」として整理し、中学校社会科、高等学校地理歴史科、公民科においても、校種の段階や分野・科目の特質を踏まえた「見方・考え方」をそれぞれ整理することができる。その上で、「社会的な見方・考え方」をそれらの総称とした。(p.133)

　より具体的には、「見方・考え方」を生かした「問い」(学習課題)の例として、次のように例示されています(「答申」別添資料3-5)。
- どのように広がっているのだろう
- なぜこの場所に集まっているのだろう
- いつどんな理由で始まったのだろう
- どのように変わってきたのだろう
- なぜ変わらずに続いているのだろう
- どのような工夫や努力があるのだろう

　このような深い「問い」によって導かれる深い考察や結論により、深い学びが成立していくのです。こうして、表層的な知識を暗記する教育から、課題解決的な「主体的・対話的で深い学び」への転換を行うのです。

資料1-1　各教科等の特質に応じた見方・考え方のイメージ

言葉による見方・考え方	自分の思いや考えを深めるため、対象と言葉、言葉と言葉の関係を、言葉の意味、働き、使い方等に着目して捉え、その関係性を問い直して意味付けること。
社会的事象の地理的な見方・考え方	社会的事象を、位置や空間的な広がりに着目して捉え、地域の環境条件や地域間の結び付きなどの地域という枠組みの中で、人間の営みと関連付けること。
社会的事象の歴史的な見方・考え方	社会的事象を、時期、推移などに着目して捉え、類似や差異などを明確にしたり、事象同士を因果関係などで関連付けたりすること。
現代社会の見方・考え方	社会的事象を、政治、法、経済などに関わる多様な視点（概念や理論など）に着目して捉え、よりよい社会の構築に向けて、課題解決のための選択・判断に資する概念や理論などと関連付けること。
数学的な見方・考え方	事象を、数量や図形及びそれらの関係などに着目して捉え、論理的、統合的・発展的に考えること。
理科の見方・考え方	自然の事物・現象を、質的・量的な関係や時間的・空間的な関係などの科学的な視点で捉え、比較したり、関係付けたりするなどの科学的に探究する方法を用いて考えること。
音楽的な見方・考え方	音楽に対する感性を働かせ、音や音楽を、音楽を形づくっている要素とその働きの視点で捉え、自己のイメージや感情、生活や社会、伝統や文化などと関連付けること。
造形的な見方・考え方	感性や想像力を働かせ、対象や事象を、造形的な視点で捉え、自分としての意味や価値をつくりだすこと。

体育の見方・考え方	運動やスポーツを、その価値や特性に着目して、楽しさや喜びとともに体力の向上に果たす役割の視点から捉え、自己の適性等に応じた『する・みる・支える・知る』の多様な関わり方と関連付けること。
保健の見方・考え方	個人及び社会生活における課題や情報を、健康や安全に関する原則や概念に着目して捉え、疾病等のリスクの軽減や生活の質の向上、健康を支える環境づくりと関連付けること。
技術の見方・考え方	生活や社会における事象を、技術との関わりの視点で捉え、社会からの要求、安全性、環境負荷や経済性等に着目して技術を最適化すること。
生活の営みに係る見方・考え方	家族や家庭、衣食住、消費や環境などに係る生活事象を、協力・協働、健康・快適・安全、生活文化の継承・創造、持続可能な社会の構築等の視点で捉え、よりよい生活を営むために工夫すること。
外国語によるコミュニケーションにおける見方・考え方	外国語で表現し伝え合うため、外国語やその背景にある文化を、社会や世界、他者との関わりに着目して捉え、目的・場面・状況等に応じて、情報や自分の考えなどを形成、整理、再構築すること。
道徳科における見方・考え方	様々な事象を道徳的諸価値をもとに自己との関わりで広い視野から多面的・多角的に捉え、自己の人間としての生き方について考えること。
探究的な見方・考え方	各教科等における見方・考え方を総合的に活用して、広範な事象を多様な角度から俯瞰して捉え、実社会や実生活の文脈や自己の生き方と関連付けて問い続けること。
集団や社会の形成者としての見方・考え方	各教科等における見方・考え方を総合的に活用して、集団や社会における問題を捉え、よりよい人間関係の形成、よりよい集団生活の構築や社会への参画及び自己の実現と関連付けること。

※中学校のイメージ

出典：幼稚園、小学校、中学校、高等学校及び特別支援学校の学習指導要領等の改善及び必要な方策等について（答申）別紙1

中央教育審議会「答申」が提案する学習評価とは？

☑ 学習評価の意義

　中央教育審議会「答申」では、新学習指導要領において児童生徒の学習状況や学習成果を評価することを学習評価と呼び、その充実を求めています。そしてその意義を、次のように述べています。

> 「子供たちにどういった力が身に付いたか」という学習の成果を的確に捉え、教員が指導の改善を図るとともに、子供たち自身が自らの学びを振り返って次の学びに向かうことができるようにするためには、この学習評価の在り方が極めて重要であり、教育課程や学習・指導方法の改善と一貫性を持った形で改善を進めることが求められる。(p.60)

　つまり、**学習評価は、子どもたちの学習のあり方をとらえるだけでなく、教師の指導や子どもたち自身の学びの改善に資するために行うもの**であることを求めているのです。
　さらに「答申」では、「子供たち一人一人が、前の学びからどのように成長しているか、より深い学びに向かっているかどうかを捉えていくことが必要である。」(p.60)と指摘し、**子どもたちの課題解決的な学習において、多様な資質・能力を身につけて成長していく過程を追った評価が必要である**と述べています。

☑ 評価に当たっての留意点

　こうした学習評価の意義や特徴をとらえた上で、「答申」では次のような評価の留意点が指摘されました（p.62）。
- 児童生徒一人一人のよい点や可能性、進歩の状況等については、日々の教育活動や総合所見等を通じて積極的に子供に伝えること
- 子供たちが自ら学習の目標を持ち、進め方を見直しながら学習を進め、その過程を評価して新たな学習につなげるようにすること

☑ 学習評価の具体的な方法

　最後に、「答申」では具体的な評価方法についても述べています。
- 論述やレポートの作成、発表、グループでの話合い、作品の制作等といった多様な活動に取り組ませるパフォーマンス評価などを取り入れること
- 一人一人の学びの多様性に応じて、学習の過程における形成的な評価を行い、子供たちの資質・能力がどのように伸びているかを、例えば、日々の記録やポートフォリオなどを通じて、子供たち自身が把握できるようにしていくこと

　さらに、「子供たちが自己評価を行うことを、教科等の特質に応じて学習活動の一つとして位置付けることが適当である。」と述べています。
　このような学習評価の特徴を十分にとらえた上で、本書では、「主体的・対話的で深い学び」の学習評価の方法として、自己評価、パフォーマンス評価、作品評価、ルーブリック評価のあり方を解説するとともに、「答申」では十分に述べられていない、「深い学び」を促すための子どもたちの相互評価や自己目標の設定のあり方についても事例を基に紹介します。本書を一冊読めば、新学習指導要領に対応した学習評価のあり方の全体像が具体的に理解できるのです。

「主体的な学び」を生み出す学習評価のあり方

☑「主体的な学び」の学習評価のポイント

　子どもが「主体的・対話的で深い学び」の過程で、どれほど主体的に学んでいるかを評価することは、とても難しいことです。なぜなら、子どもたち一人ひとりの意欲や態度を知るには、内面を探らなければならないからです。しかも、それを子どもに聞いてみても、本当の気持ちを語ってくれるかどうかはわかりません。

　また、話し合いで司会や発表の代表者を引き受けるといった外面の行動だけで評価することも適切ではありません。なぜなら、司会をジャンケンで決めたり、輪番制にしていたりすることもあるからです。

　逆に、内面で仮説をつぶやいたり、一生懸命考えながらメモを取ったりするだけでも、主体的な思考をしているといえるでしょう。

　ですから、**基本的には子どもの自己評価や相互評価を中心にして、その上でノートチェックやワークシートなどへの朱書きで教師から肯定的なフィードバックを与えるようにする**とよいでしょう。

　ただし、自主学習ノートの提出状況や宿題による課題の達成状況について、新しい評価の観点の「学びに向かう力・人間性等」に入れて評定につなげてもかまいません。

☑ 課題設定→課題解決→振り返りで評価ができる！

　表1-1は、「主体的な学び」の評価のあり方を整理したものです。

この表では、子どもの主体的な学びの姿を、アクティブ・ラーニングの基本的な学習プロセスに沿って、**課題設定、課題解決、振り返りという3つのフェーズで整理**しています。また、それぞれのフェーズで参考になる評価規準の例と、代表的な評価の方法の例もあわせて示しています。

さらに、子どもたちの自己評価や相互評価を生かして、自分たちで学びを進めていけるように、チェックシートや自己評価シートなどを入れています（第2章参照）。

表1-1　「主体的な学び」の学習評価のあり方

学習プロセス	課題設定	課題解決	振り返り
学びの特徴	解決すべき学習課題の設定に主体的に取り組んでいる	課題解決に向けて、思考・判断・表現に主体的に取り組んでいる	学習課題に正対したまとめと振り返りに、主体的に取り組んでいる
主体的な姿	▶自ら課題を作っている ▶友だちと協力して課題を作っている ▶課題のアイデアを発表している ▶課題のよさを確かめている ▶課題をノートやワークシートに書き出して吟味している	▶仮説の設定や考察、検証の対話に参加している ▶自らアンケート作成、資料検索、情報収集に取り組んでいる ▶課題解決に役立つ考えをいろいろと生み出している ▶創意工夫や創作表現に積極的に取り組んでいる	▶まとめを自分の考えと言葉で書いている ▶振り返りを自分の考えと言葉で書いている ▶友だちのまとめや振り返りを参考にして書き直している ▶次の学習課題やがんばりたいことを書いている
評価規準	▶既有知識を活用している ▶深い課題の条件を満たしている ▶課題づくりに積極的に参加している	▶自ら見通しを立てている ▶問題解決に進んで取り組んでいる ▶学習ルールを守り集中して学んでいる	▶自ら進んで課題と正対したまとめを書いている ▶自ら進んで課題と正対した振り返りを書いている
評価の方法	▶課題設定チェックシートの活用 ▶ノートやワークシートのチェック ▶ほめほめカード	▶アクティブ・ラーニング自己評価シート ▶学習観察シート ▶ほめほめカード	▶まとめシート ▶振り返りシート ▶ノートチェック ▶ほめほめカード

「対話的な学び」を生み出す学習評価のあり方

☑「主体的・対話的で深い学び」における「対話」とは何か

　「主体的・対話的で深い学び」における対話とは、自己との対話、友だちとの対話、そして地域の人との対話を通して、考えや作品を創った

表1-2　「主体的・対話的で深い学び」における対話のタイプ（例示）

対話の相手	自己との対話	友だちとの対話	地域の人との対話
修正・追加	▶初発の考えや意見を、コツやわざの観点を見直しながら練り上げる	▶友だちの考えや意見をよく聞き、話し合って自分の考えを修正する	▶インタビューをして、自分たちの考えをよりよくしたり修正したりする
創造・製作	▶考え方や書き方のコツをふまえて、自分の考えやイメージを自分で構成して、作文や作品、パフォーマンスとして完成する	▶班でよく話し合って、絵画や壁新聞、レポートなどを完成する ▶班でよく話し合って課題づくりやまとめづくりを協力して行う	▶飼育・栽培活動等を協働して実践する ▶ゲストティーチャーに質問しながら作品制作に取り組む ▶合同イベントを開催し、企画・実践・評価を協働して行う
合意・説得	▶弱い自分や自己コントロールできない自分を見つめて、よりよい生き方を探り、自己へ語りかけていく	▶自分の仮説や考察のよさを友だちに説得する ▶意見の違いを出し合い、認め合って合意に到達する	▶イベントを開催して、大切なことを訴えていく ▶協働してシンポジウムなどを開催し交流する
認め合い	▶自分のよさや成果について肯定的に振り返る	▶友だちの考えや作品、行動等のよさをほめて励ます	▶協働作業の完成のお祝い会を開き、感謝の心を伝える

り、練り上げたり、認め合ったりする**コミュニケーション活動**です。それを、簡単な表に整理してみると、表１－２のようになります。

☑ 対話記録を可視化する

　こうして見てみると、「主体的・対話的で深い学び」における「対話的な学び」は、実に多様なものであることがわかるでしょう。しかも、このような対話的活動を通して、「深い学び」に到達しなければならないのですから、評価の力を借りてそれを実現することが大切になってきます。

　子どもたちの対話は、メールの交信記録などを除いて、多くの場合音声言語ですから、記録を残しておかないとすぐに消えてしまいます。そこで、まず評価の工夫として、写真１－１のような**ワークシートを作って、班の友だちの意見を記録させ、自分の考えとの対比を通して対話から自分の深い考えが生まれるようにするとよい**でしょう。**対話記録が可視化される**ので、自分の考えを深めやすくなります。

　また、第２章の資料２－１（p.48）で紹介するアクティブ・ラーニング自己評価シートの結果をレーダーチャートにして、対話領域の得点の変化を可視化し、子どもたちに自己評価させるとよいでしょう。

　さらに、学習の振り返りシートやノートに、簡単でよいので、友だちとの対話をして自分の考えがよくなったことや、班での対話を通して共同作品が完成したこと等を定期的に書く習慣を付けると効果的です。

写真1-1
友だちの意見と自分の意見を対比させて記録し、新たに生まれた考えを書き加えて、生命倫理についての自分の考えを深められるように工夫したワークシート（中学校３年生国語科意見文の創作の授業・白木圭教諭作成）

「深い学び」を生み出す学習評価のあり方

☑「深い学び」の学習評価のポイント

　これまでに見てきたように、「深い学び」とは、教科等に固有の「見方・考え方」を生かして、基礎的・基本的な知識・技能を主体的に活用し、対話を通して事象の固有性や関係性や規則性を発見したり、仮説を検証したり、創意工夫してスキルを向上させたり、考えや作品を創造していく学びです。

　したがって、子どもたちが「深い学び」に到達しているかどうかを評価するために、客観テストだけではなく、多様な評価技法を用いて多面的・多角的な学習評価をすることが必要になります。

　そのポイントは、次のような5点になります。

【「深い学び」の学習評価のポイント】
　①課題解決の学習プロセスに沿って、思考・判断・表現の流れと深まりを、ウェビングやフローチャートで可視化して評価する
　②各教科等の「見方・考え方」の視点や観点に沿ってルーブリックを作り、どのレベルまで深い認識や考察ができたかを評価する
　③初発の感想や考えと、対話や実践を通して練り上げた高次の感想や考えを比較し、視点や観点に沿ってどのように深まったかを評価する
　④子どもが作成した学習ノートや作品、単元末レポート、運動のパフォーマンスなどを、ルーブリックを用いて観点別に評価する
　⑤ポートフォリオに蓄積してきたワークシート等を比較して評価する

☑「深い学び」の学習評価で大切なこと

　前述の5つのポイントをふまえて、実際に評価を行う際に大切なことがあります。

　1つめは、**学習評価のアクティブ化を常に意識して取り組む**ことです。つまり、こうした「深い学び」の評価は、まずは教師が行うにしても、少しずつ子どもたちの主体性を生かして、自己評価や相互評価の活動として行わせてください。

　2つめは、**評価の観点と規準を学習の開始時に子どもたちへ開示しておく**ことです。つまり、評価の観点や規準となる各教科等の「見方・考え方」の具体的な視点をあらかじめ説明し、子どもたちの納得感を大切にして行うことが必要です。

　なぜなら、そのことによって、子どもたちが主体的・目的的に「深い学び」に取り組むようになるからです。この原理のことを、**「学びと評価の一体化」**と呼びましょう。評価規準やルーブリックにおける資質・能力のレベル差（判断基準）を子どもたちが事前に知っておくことで、深い学びに向かう主体性が生み出されるのです。これも、学習評価のアクティブ化の一つです。

　3つめは、**多様な評価ツールを使う**ことです。たとえば、ルーブリック表、ウェビング図、付箋紙、評価シートなどがあります。それぞれの方法については、第2章以降で詳しく解説していきます。

　4つめは、授業中のフィードバックとなる形成的評価と、単元終了時に行う総括的評価、そして、通知表や指導要録への記載につながる評定という**3つの評価のあり方を、場合と必要性によって使い分ける**ことです。つまり、たとえば前述の5つのポイントの中で、④の観点別評価は、子どもたちの振り返りとしての自己評価や相互評価の活動としても行えますが、その単元の学習成果を教師がルーブリックを用いて評定につなげることが望ましいでしょう。中学校や高等学校では、④は定期考査の思考・判断・表現の観点における評定につなげることが大切です。

第2章

すぐできて学習効果が高まる！アクティブ・ラーニングの自己評価

子どもは自己評価を通して劇的に育つ！

☑「主体的な学び」を促す自己評価

　アクティブ・ラーニングは、そもそも主体的・能動的な学習なのですが、教師から強制されて主体的になるのではなく、子どもたちが自ら進んで主体的になるのでなくては意味がありません。

　そのために必要なのが、子どもたちの自己評価です。つまり、**子どもたちが主体的な学習者になるためには、いつも自分たち自身で学びのあり方を振り返り、それをもっと改善するための見通しを持つことが大切**です。それを促すのが、子どもによる自己評価なのです。

　とくに、新学習指導要領では、「多様な資質・能力」の育成が最重要課題となり、そのために具体的な資質・能力の項目が記載されます。したがって、アクティブ・ラーニングを行う単元においては、たとえば、課題発見力、論理的思考力、主体的な学習態度、対話力、自己決定力、課題解決力等の力を、子どもたち自身が自覚して主体的・計画的に身につけることが求められます。

　こうした教科等横断的な資質・能力は、教師から強制されて育つものではなく、子どもたちの「こんな課題を解決したいな」「こんな活動を友だちと協力して進めていこう」という思いに基づいていることが不可欠です。子どもたちが取り組む活動が「深い学び」になっているかどうかを振り返って、自らの学習を改善させていくようにしましょう。

　こうした自己の学習過程のモニタリングやメタ認知（もう一人の冷静な自分が自己の学びの様子を一段高いところから客観的に見つめるこ

と）が必要なのです。

☑ 多様な自己評価の方法を体験させよう

　この章では、子どもたちの自己評価の多様な方法を提案します。具体的には、課題づくりチェックシートや、付箋紙法、振り返りチェックシート、ウェビング法、自己目標設定法、タブレット可視化法、アンケート法などです。

　大切なことは、子どもたちの発達段階や各教科の学習特性に合わせて、ふさわしい方法を選択し、子どもたちに多様な方法を体験させることです。子どもたちが身につけた多様な自己評価の方法を使いこなして自己を改善する力は、きっと生涯生きて働く力となって子どもたちを助けていくことでしょう。

☑ 子どもの自己評価力を高めることをねらいとする

　「子どもたちはまだ自己を客観的に見つめる力がないので自己評価は信頼できない」とか、「子どもの自己評価は信頼性がないから実践しない方がよい」といった意見を聞くことも少なくありません。

　しかし大切なことは、**子どもの自己評価力は学校での学習を通して意図的・計画的に育てるべき資質・能力であると見なされる時代**がすぐそこまで来ているということです。

　これまで、教師主体の講義形式の授業を受けてきた子どもたちには、信頼できる自己評価をする力は育っていないでしょう。しかしこれからは、子どもの自己評価力を育てる教育を行う時代になるのです。本書で、その方法をぜひマスターしてください。

課題づくりチェックシートで、課題発見力を高めよう

☑ 子どもの課題発見力を育てる

　中央教育審議会教育課程企画特別部会は、2015年8月に出した「論点整理」において、アクティブ・ラーニングを「課題の発見・解決に向けた主体的・協働的な学び」であると定義づけました。その後、2016年8月の「審議のまとめ」では、「課題の発見」という表現は定義から後退しているものの、**アクティブ・ラーニングにおいては、子どもたちが課題を発見することは、子どもたちの学びの主体性を担保するために大切**な実践の指針となります。

　しかし、子どもたちに課題の発見をさせることはとても難しいことです。「探究的な学習」をするための総合的な学習の時間であれば、時間をかけて体験を通して、さらに具体的なヒントや参考例を与えれば、子どもたちが学習課題を発見し自己設定をすることは可能です。

　ただし教科学習においては、時間的制約が大きく、理想であるとはいえ、子どもたちに課題発見を任せることは容易ではありません。

☑ 課題づくりチェックシートで課題づくりを促し、自己評価させる

　そこで、写真2-1のような**「課題づくりチェックシート」**を使ってみましょう（東京都台東区立上野小学校・岡田恵教諭作成）。

　このようなシートを掲示しておき、子どもたちが立てた学習課題を自己評価させて、よりよい課題づくりへと高めていくことができるように

なります。この授業で、子どもたちは江戸時代の町人文化がなぜ起こり、どのような特徴を持っていたのかについて、教師が提示した3枚の浮世絵を参考にして自分たちで学習課題を立てて班学習を進めていくことができました。

写真2-2は、ある班の子ども4名が協力して立てた学習課題をホワイトボードに書いている様子です。課題づくりチェックシートがあるおかげで、ぶれることなく子どもたちは時間内に解決可能な深い課題を設定することができました。ただし、慣れないうちは、課題づくりに1時間はかかるので継続的な取り組みが必要です。

写真2-1
課題づくりチェックシート
(小学校6年生社会科の歴史学習)

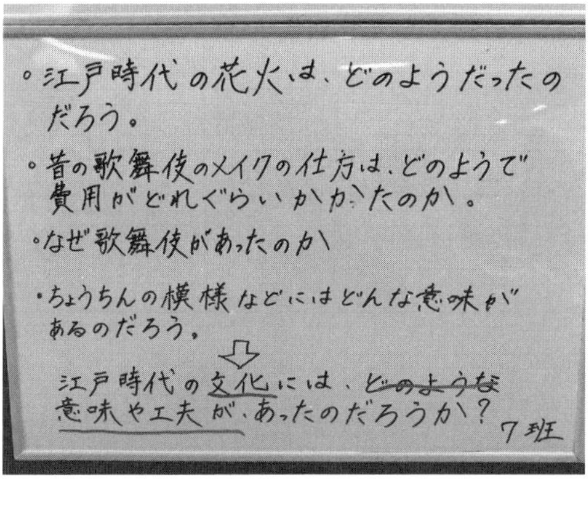

写真2-2
子どもたちが協力して設定した深い学習課題
(小学校6年生社会科の歴史学習)

第❷章 すぐできて学習効果が高まる！ アクティブ・ラーニングの自己評価　35

付箋紙法で、自分の作品の練り上げをしよう

☑「深い学び」の基礎は、練り上げによる自己修正から

　中央教育審議会が2016年12月に出した「答申」では、アクティブ・ラーニングの新たな定義として、「主体的・対話的で深い学び」という考え方が提案されました。アクティブ・ラーニングが1つの対話型に沿って段取りだけで進んでいくことにより、子どもたちが浅いレベルでの気づきや初発の感想に留まっている学習が多いことに警鐘を鳴らすため、「深い」というキーワードが入ってきたのです。

　しかし、学習内容をよく理解し深い内容まで到達することは、子どもにとっても教師にとっても簡単なことではありません。

　そこで、「深い学び」を実現するために効果的な1つの方法として、「練り上げによる自己修正」の方法を紹介しましょう。練り上げという考え方は、すでに半世紀以上前から使われているものですが、「深い学び」にはなくてはならないものですから、再評価すべきではないでしょうか。

　つまり、**子どもたちが自分の作品（作文、レポート、絵画、彫塑、調理、工作、工芸品、書道作品）、スピーチや運動などのパフォーマンスを付箋紙などの判断ツールを用いて自己評価し、改善策を整理して練り上げ、よりよい作品づくりを行うこと**を大切にしましょう。

☑ 自己を見つめ修正・改善する

　アクティブ・ラーニングは、もともと協働的な学びですから、対話を軸にしたグループワークを行うことが大切であることは事実です。

　しかし、いつも友だちから修正意見や改善意見をもらわないと自分の作品やパフォーマンスを改善できないのであれば、それは主体的・自律的な学びとはいえません。いつまでたっても、友だちや先生に頼ってばかりの他者依存の強い子になってしまいかねません。

　そこで、課題解決的な学習においては、5分から7分程度の自力解決の時間がよく設定されるのと同じように、自分が書いた作品や実演したパフォーマンスを、いったん冷静に見つめ直して、自己評価から自己改善につなげる「自力評価」の時間を持って欲しいのです。

　自分を見つめ、自分を高めることなくして、「深い学び」はないといってよいでしょう。

☑ 付箋紙を用いて自己評価する

　具体的には、2色の付箋紙を用いて、それぞれに「よいところ」と「よくするアイデア」といった機能を持たせて、自分の作文の上に貼っていったり、自己評価シートの上にグルーピングしながら貼り付けていったりするとよいでしょう。

　付箋紙の上には、具体的な内容を書き込ませて、しっかりと自分の作品を静かに見つめさせる時間をとってください。

　そうして、自己の作品を推敲したり、校正したり、あるときには大胆に修正したりして、自分の力でめあてや観点をふまえて、よりよい作品に練り上げる習慣を育てることにより、自己改善の大切さに気づかせ、よりよい作品を創造する喜びを味わわせてください。もちろんそのときに、教師からのほめ言葉を添えるといっそう効果的です。

振り返りチェックシートで、観点別自己評価をしよう

☑ 振り返りチェックシートの活用

　子どもたちは、自己評価をするときに、常に改善点を文章にして書いて挙げなければならないと思うと、自己評価を面倒なものだと感じてしまいます。

　そこで、ときには気軽に、自己評価の習慣づくりといった意味で、振り返りチェックシートに自分の学びの様子を継続的につけていくことを大切にするとよいでしょう。

　とくに低学年の子どもたちにはそうした気軽な方法が効果的ですし、また、チェックシートに花丸やにこにこマークが増えていくことは楽しいものです。

　チェックシートには、そうしたよさやがんばりの程度を示す記号や短文（その単元で育てたい資質・能力の評価規準を子どもにわかりやすく伝えるもの）を書くだけにしておき、その次に、そのチェックシートの結果を見ながら隣の子やグループで評価的な対話をさせて、ほめほめ言葉やアドバイスを伝え合う活動につなげるとよいでしょう。

　そうした**友だちとの対話により、自己評価が相互評価を通した認め合いや練り合いの活動に発展していく**のです。

　まさに、「主体的・対話的で深い学び」ですね。

☑ いろいろなチェックシート

次に、いろいろな学年や教科で使える振り返りチェックシートを紹介しましょう。写真2－3から順に、がんばりカード、創作説明文のチェックシート、スピーチのチェックシート、そして、創作説明文の工夫整理シートです。

写真2－6の工夫整理シートは、自己評価のためのチェックシートには見えないかもしれません。これは、自分で書いた創作説明文の中で、どの表現技法（言葉のコツ：問いかけで始める、つなぎ言葉を入れる、反対につなぐ、いくつめかを書く、話を切りかえるなど）を活用したかを自分で抜き出してきて整理したものです。子どもが、活用した技能の意識化を通して活用力を高める自己評価シートになっています。

写真2-3

がんばりカード
（小学校1年生生活科）

写真2-4

創作説明文のチェックシート
（小学校2年生国語科）

写真2-5

スピーチのチェックシート
（小学校3年生国語科）

写真2-6

創作説明文の工夫整理シート
（小学校4年生国語科）

ウェビング法で、自己成長を実感できる

☑ ウェビング法とは

　ウェビングとは、英語でwebbingと書き、クモの巣をかけることを意味します。イギリスの学校では古くから使われている思考ツールの一種で、中心にキーワードや絵を描いて、その回りに放射状に思いついたことを線（リンク）と小円（ノード）を広げながら書いていく連想法です。

　ですから、ウェビング法とは、ウェビングによって発想を広げたり思考を深めたりする方法のことです。別名で、イメージマップとも呼ばれていますし、フィンランド語ではアヤトゥス・カルッタといい、**小学校から高等学校まであらゆる教科で、子どもたちの思考を活性化する**ためにとてもよく使われています。

☑ ウェビング法がなぜ自己評価のツールになるのか？

　1つめの使い方として、教科で学んだ知識や身につけた技能をウェビング法で5分程度書き出させてみましょう。単元の始まった頃と単元が終わった頃に2回ウェビング図を書けば、その差を振り返ることによって子どもたち自身で、知識と技能が増えていることが実感できます。つまり、「深い学びのビフォー・アフター」をして自己の成長に気づくことができるのです。それを友だちと比べることにより、さらに自分に足りないところや逆に自分ががんばったところが可視化されてわかりやすくなります。

☑ 自己成長ウェビング図と自己成長シートの活用法

2つめの使い方として、教科学習の成果を書き出すだけでなく、たとえば、特別活動や総合的な学習の時間に、写真2-7のような「自己成長ウェビング図」を書くとよいでしょう。

自分の苦手なことや得意なこと、友だちが増えたこと、自分の性格の長所を伸ばしたこと、短所を改めたことなどを素直に書きふくらませていくのです。つまり、**ウェビング法を用いて自己成長の様子を振り返ることができる**ようになります。

このような自己成長ウェビング図を見つめることで、自分の成長を自己評価して、これからの自分の生き方や学び方をしっかりと考えて展望することができるようになります。

できれば、写真2-8のような「自己成長シート」にまとめていけば、友だちからのほめほめ言葉をもらって元気が出たり、教室掲示してもらえば自尊感情を高めることにつながったりするのでおすすめです。

写真2-7

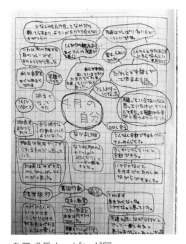

自己成長ウェビング図

写真2-8

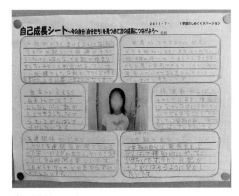

自己成長シート

自己目標設定法で、スキル習得を可視化・意識化する

☑ 自己目標設定法とは

　自己目標設定法とは、アクティブ・ラーニングで身につけたい力を子どもたち自身に設定させて、自分の学習状況や学習成果を自己評価させる方法です。

　アクティブ・ラーニングの1つの特徴は「主体的な学び」であることですから、自己評価についてもいつも先生から評価規準を与えられるのではなく、自分で身につけたい力の目標を自己設定することによって、自己評価に自覚と責任が生まれ、子どもたちが進んで取り組む自己評価になっていきます。

　つまり、子どもたちの主体性を生かす「自己評価のアクティブ化」が真の「主体的・対話的で深い学び」を生み出すといってよいのです。

　新しい学習指導要領では多様な21世紀の資質・能力を記載するようになるわけですから、「この学習ではどのような資質・能力を身につければよいのだろう」というめあてを子どもたち自身に持たせることはとくに重要になるのです。

☑「学びと評価の一体化」で子どもが真の自己評価者になる

　つまり、自己目標設定法による自己評価は、子どものための**「学びと評価の一体化」**であるといえます。つまり、**自己評価の目標（身につけたい力）と自己評価の評価規準を子どもに自己設定させることで一体化**

することが大切です。そうすると、**主体的な評価活動から子どもたちの主体的な学びが生まれてくる**のです。

☑ まずは、総合的な学習の時間で活用しよう！

　実践事例を紹介しましょう。写真2-9は、小学校5年生の総合的な学習の時間で、身につけたい力を単元の始めに6つの領域ごとに1つずつ自己設定して、単元末に自己評価している様子です。

　写真2-10も同様にして、小学校6年生の総合的な学習の時間で身につけたい力の自己目標を設定してから学習に取り組み、その成果を自己評価しているワークシートです。シートの下に貼っているのは、友だちからの相互評価の付箋紙です。

　完成した自己評価シートは、グループで発表したり全体で代表の子どもに発表してもらったりして、認め合いから自尊感情や成長意欲を育てていくようにしましょう。

写真2-9

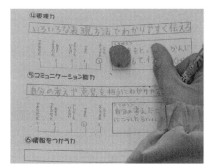

身につけたい力を領域ごとに1つ設定して、その達成状況を単元末に5段階の数値と文章で自己評価している

写真2-10

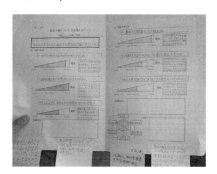

6つの身につけたい力を自己設定し、その達成状況をパワーグラフと文章で自己評価している

タブレットの録画機能で、自分の動きの振り返りができる

☑ タブレットを自己評価ツールにしよう

　ときには、紙と鉛筆だけでなく、デジタル機器を子どもたちの自己評価ツールとして活用しましょう。

　とくに、タブレットは、動画を簡単に記録する機能が付いているのでおすすめです。子どもたちのグループに１台ずつタブレットを持たせて、自分たちの学びの姿を撮影して振り返るようにするのです。

　インターネットに無線LANでつないだり、豊富なアプリを入れたりせず、動画や静止画の撮影を中心にすれば、１台１万円台のタブレットで十分です。今はもう、学校の予算で購入できるほどになってきました。重い大型の機器をそろえる必要もありません。

☑ 動きのある学習場面で、自己改善プロセスをたどらせる

　タブレットの動画撮影（音声記録）機能は、子どもたちの動きのある学習場面で使うと効果的です。

　たとえば、体育科のマット運動や跳び箱、水泳、ハードル、バレーボール、柔道などで、身体部位の動きや技のかけ方とタイミングなどを撮影して振り返らせるのです。技術・家庭科ではものづくりの様子を撮影したり、音楽科では歌唱の発声の様子、そして書道では書き順や筆遣いなどを記録したりさせてみましょう。

　もちろん、国語科でのスピーチや算数・数学科での説明の様子、社会

科や理科でのプレゼンテーションの様子などを撮影して、論理的説明力や内容構成力、自己表現力などの資質・能力を自己評価するときにも十分活用できます。きっと**子どもたちが自己評価から自己修正、自己改善へと高めていこうとする学習意欲の高まりを感じられる**ことでしょう。もちろん、撮影後はグループで視聴し合って、相互評価による練り合いの場面を持つことが大切です。

タブレットは、①技のポイントの明確化→②パフォーマンスの撮影→③自己評価とグループでの相互評価→④練り合いによるパフォーマンスの修正・改善→⑤改善した技の再試行という、PDCAサイクル（Plan→Do→Check→Action）を可視化する、アクティブ・ラーニングのための評価ツールになるのです。

☑ めあての明確化→撮影→自己評価→発表までを子ども主体で

写真2-11と写真2-12は、中学校2年生技術科の電子回路の設計の授業で、ハンダ溶接の工夫を撮影して発表しているところです。

これからは子どもたち自身が優れた教材となり、友だちの動画から技のポイントをつかむとともに、**自分の試行を振り返って改善していく、より主体的で意欲的な学びをタブレットで生み出せる**のです。

写真2-11

成功した例をタブレットで発表している

写真2-12

ハンダ溶接のポイント整理

アンケート法で、学習を改善すれば成績がアップする！

☑ アンケート法で、子どもの自己マネジメント力を高める

　アンケート法は、自分の学習の状況について、アンケート用紙に記載された質問項目に、「よくあてはまる」から「あてはまらない」までの２つから５つ程度のレベル差を表す数値に○を付けていく自己評価の方法です。

　あらかじめ質問項目が用紙に記載されていますから、子どもの自己評価の主体性はあまり高くない方法です。しかし、評価の観点や評価規準が体系的にバランスよく配置されていますし、簡単に何度でも繰り返して付けられるので、自分の学習の様子を幅広い視野からしっかりと振り返る習慣を付けるためには適しています。

　具体例としては、アクティブ・ラーニング自己評価シート、学級力アンケート、家庭学習力アンケートなどがあります（資料２－１～２－３参照）。

　どれも、子どもたちが自分の学級の様子や家庭学習の状況、さらにアクティブ・ラーニングに取り組む主体性や協働性を、定期的にアンケートを使って振り返り、よりよい状況を生み出す方法を自ら考えて実行するためのものです。

　そのような**自己評価と自己改善の取り組みを習慣化**させることで、自己の学習と生活を自己改善していく力、自己マネジメント力が育ちます。アンケートの入手方法は、それぞれ次ページの参考文献を参照してください。

☑ アンケート活用のコツ～授業化して改善策を実行させる！

　アンケート法の活用には、次のような3つのコツがあります。このコツに留意しないと、十分な効果を発揮させることができません。

　1つめは、それぞれのアンケートには結果をレーダーチャートで見やすく表示する（可視化する）プログラムも用意されていますので、個票を印刷して子どもに提供したり、大型モニターでクラスの平均値を映して振り返らせたりするとよいでしょう。

　次に、レーダーチャートを見ながら自己評価をさせる時間を確保し、たとえば特別活動や総合的な学習の時間で年間に5時間から10時間程度あてて、アンケート法による学びの自己評価を授業化することです。

　そして、3つめのコツは、アンケートの結果から課題が見つかったときには、子どもたちにその改善策を考えさせ、1週間程度実行させてから、同じアンケートを使って再評価をさせることです。そうした行動週間の前後で、レーダーチャートが大きくなっていたら、自己改善の取り組みが成功したわけですから、たとえ自己評価といえども子どもたちは大きな達成感を味わうことができます。

　もちろん、アンケート法は、グループ単位でも学級単位でも、子どもたちの相互評価ツールとして使えますから、アンケート結果を友だち同士で見せ合いながら、学級全体での取り組みの改善につなげていくことが大切です。その結果、子どもたちの学力アップにつながったという事例が数多く報告されています。

【参考文献】

資料2-1…田中博之著『アクティブ・ラーニング実践の手引き』教育開発研究所、2016年

資料2-2…田中博之編著『学級力向上プロジェクト3』金子書房、2016年

資料2-3…田中博之編著『アクティブ・ラーニングが絶対成功する！　小・中学校の家庭学習アイデアブック』明治図書出版、2017年

資料2-1　アクティブ・ラーニング自己評価シート

ver. 2.3

アクティブ・ラーニング
自己評価シート

年　　組　　番
名前

第　　回（　　月）　小学校高学年版

◎ この評価シートは、自分が学校の授業にどのように取り組んでいるかをふり返るものです。
それぞれの項目の4～1の数字のあてはまるところに、一つずつ○をつけましょう。

4：とてもあてはまる　3：少しあてはまる　2：あまりあてはまらない　1：まったくあてはまらない

1　自分から進んで取り組む力（主体力）

① 目標　　自分にとってふさわしい目標やめあてを決めて学習しています。　　　　　　　　4—3—2—1
② 積極性　グループやクラスでの話し合いの時に、自分の考えや意見を積極的に出しています。4—3—2—1
③ 実行　　グループや自分で決めた計画にそって、すすんで調べたり作ったり発表しています。4—3—2—1

2　友だちと協力する力（協働力）

④ 対話　　自分の意見やアイデアを友だちに納得してもらえるように説明し合っています。　4—3—2—1
⑤ 協力　　グループワークの時に、友だちと協力して課題やめあてに取り組んでいます。　　4—3—2—1
⑥ 練り上げ　友だちのよいところやアドバイスを生かし合って、よりよい考えや作品を作っています。4—3—2—1

3　自分らしく表現する力（創造力）

⑦ 発想　　新しいアイデアや工夫はないかと、いつも自分で考えるようにしています。　　　4—3—2—1
⑧ 個性　　自分らしい考えを生かして文章を書いたり発表をしたりしています。　　　　　　4—3—2—1
⑨ 質問　　「なぜだろう？」「おかしいな？」「どうしてかな？」と、いつも質問を考えています。4—3—2—1

4　自分で決める力（決定力）

⑩ 思考　　資料やデータにもとづいて、自分でわけや理由を深く考えています。　　　　　　4—3—2—1
⑪ 決定　　どんな方法で学ぼうかどんな発表をしようかなど、自分の考えで決めています。　4—3—2—1
⑫ 時間　　時間をむだにしないように、自分で時間を決めたり計ったりして学んでいます。　4—3—2—1

5　問題を解決する力（解決力）

⑬ 解決　　どうすればこの問題が解けるだろうかと、いろいろと考えを出しています。　　　4—3—2—1
⑭ 活用　　新しいことを学ぶときに、これまでに知っていることやできることを使っています。4—3—2—1
⑮ 調査　　自分でアンケートやインタビュー、現地調査などをして調べています。　　　　　4—3—2—1

6　自分を伸ばす力（成長力）

⑯ 改善　　自分の学習のしかたを反省し、よりよい学習のしかたを考えて実践しています。　4—3—2—1
⑰ 評価　　自分にたりない力は何か、もっとどんな力をつければよいかといつも考えています。4—3—2—1
⑱ 努力　　自分の得意なことを伸ばし、苦手なことをなくすよう努力しています。　　　　　4—3—2—1

資料2-2　学級力アンケート（小学校高学年版）

ver. 2.0

学級力アンケート

第　回（　月）

年　組　番
名前

◎ このアンケートは、私たちの学級をよりよくするためにみんなが意見を出し合うものです。
それぞれの項目の4～1の数字のあてはまるところに、一つずつ○をつけましょう。

4：とてもあてはまる　3：少しあてはまる　2：あまりあてはまらない　1：まったくあてはまらない

目標をやりとげる力

①目標　　みんなで決めた目標やめあてに力を合わせてとりくんでいる学級です。　　　　4―3―2―1

②改善　　自分たちの学習や生活をよくするための話し合いや活動をしている学級です。　4―3―2―1

③役割　　係や当番の活動に責任を持ってとりくむ学級です。　　　　　　　　　　　　　4―3―2―1

話をつなげる力

④聞く姿勢　発言している人の話を最後までしっかりと聞いている学級です。　　　　　　4―3―2―1

⑤つながり　友だちの話に賛成・反対・つけたしと、つなげるように発言している学級です。4―3―2―1

⑥積極性　　話し合いの時、考えや意見を進んで出し合う学級です。　　　　　　　　　　4―3―2―1

友だちを支える力

⑦支え合い　勉強・運動・そうじ・給食などで、教え合いや助け合いをしている学級です。4―3―2―1

⑧仲直り　　すなおに「ごめんね」と言って、仲直りができる学級です。　　　　　　　　4―3―2―1

⑨感謝　　　「ありがとう」を伝え合っている学級です。　　　　　　　　　　　　　　　4―3―2―1

安心を生む力

⑩認め合い　友だちのよいところやがんばっているところを伝え合っている学級です。　　4―3―2―1

⑪尊重　　　友だちの心を傷つけることを言ったり、からかったりしない学級です。　　　4―3―2―1

⑫仲間　　　だれとでも遊んだり、グループになったりすることができる学級です。　　　4―3―2―1

きまりを守る力

⑬学習　　　授業中にむだなおしゃべりをしない学級です。　　　　　　　　　　　　　　4―3―2―1

⑭生活　　　ろうかを走らない、あいさつをするなど、学校のきまりを守っている学級です。4―3―2―1

⑮校外　　　校外ではひとのめいわくにならないように考えて行動できる学級です。　　　4―3―2―1

資料2-3 家庭学習力アンケート

ver. 2.0

家庭学習力アンケート
（中学校用）

年　組　番
名前

第　　回　（　　月）

◎ このアンケートは、自分の家庭学習をよりよくするために、自分の家での勉強や生活のようすをふり返るものです。それぞれの項目の4～1の数字のあてはまるところに、一つずつ○をつけましょう。学校の成績とは関係ありませんから、ありのままを答えてください。

4：とてもあてはまる　3：少しあてはまる　2：あまりあてはまらない　1：まったくあてはまらない

学習習慣　（大切な学習を、こつこつ続ける力）

①宿題	学校の宿題を全部やりとげて、提出日に先生に出しています。	4―3―2―1
②習慣	家庭学習の時間と内容を決めて、毎日こつこつとりくんでいます。	4―3―2―1
③復習	家に帰ってから授業の復習をしたり、テストの見直しをしたりしています。	4―3―2―1

生活習慣　（規則正しく健康な生活をする力）

④時間	一日にテレビを見る時間や、ゲームやメールをする時間を制限しています。	4―3―2―1
⑤睡眠	毎日、夜更かしをせず睡眠をしっかりとっています。	4―3―2―1
⑥食事	バランスのよい食事を心がけ、ビタミンやカルシウムをとるようにしています。	4―3―2―1

自律心　（自分から進んでとりくむ力）

⑦準備	次の日の授業に必要な教科書やノートなどは、前の日に自分で準備しています。	4―3―2―1
⑧整理	家では学習をしている場所を整理し、いらないものはかたづけています。	4―3―2―1
⑨自律	学校の先生や家の人にいわれなくても、自分から進んで家庭学習をしています。	4―3―2―1

ver. 2.0

自己学習力 (自分で決めて学習する力)

⑩計画　　学校のテストや定期考査の前には、家で計画を立てて学習にとりくんでいます。　　4—3—2—1
⑪目標　　ページ数や問題の数、時間、点数など、やりとげる目標を決めて学習しています。　　4—3—2—1
⑫教えあい　学校の友だちと、宿題や自主学習について教えあったり励ましあったりしています。　4—3—2—1

自己コントロール力 (やりたくないこともがんばる力)

⑬苦手　　家で学習するときは、苦手な教科もしっかりと学習しています。　　4—3—2—1
⑭集中　　家では、テレビやゲーム機、スマホなどをつけないで集中して学習しています。　　4—3—2—1
⑮克服　　やりたくない難しい問題や課題でも、自分から進んで学習しています。　　4—3—2—1

自己マネジメント力 (自分のふり返りをしてよりよくする力)

⑯記録　　毎日家でどんな学習をしたか、ノートなどに記録をつけるようにしています。　　4—3—2—1
⑰両立　　部活や習い事、宿題、自主学習などのバランスをとって両立できるようにしています。　4—3—2—1
⑱改善　　自分の家庭学習のしかたをふり返って、改善しています。　　4—3—2—1

生涯学習力 (おとなになっても学ぼうとする力)

⑲社会　　ふだんからテレビのニュースや新聞記事で、社会の動きを知るようにしています。　　4—3—2—1
⑳辞書　　家でも辞書を引いたり、事典やインターネットでわからないことを調べています。　　4—3—2—1
㉑読書　　マンガだけでなく、いろいろな種類の本を読むようにしています。　　4—3—2—1

自己成長力 (自分をもっと成長させようとする力)

㉒伸長　　次の定期考査で伸ばしたいところや改善したいことを決めて家庭学習をしています。　4—3—2—1
㉓得意　　自分の得意なことを伸ばすために、宿題のほかに自分から進んで家で学習しています。　4—3—2—1
㉔夢　　　将来やりたい仕事や行きたい学校の夢をもって、家で学習をしています。　　4—3—2—1

第3章

学びがぐんと深まる！アクティブ・ラーニングの相互評価

相互評価は協働的な学びを加速させる！

☑ アクティブ・ラーニングを「深い学び」にする相互評価

　アクティブ・ラーニングのもっとも大切な特徴が、協働性にあることはいうまでもありません。子どもが一人で学ぶのではなく、友だちと教え合ったり学び合ったりして、それぞれの力や個性を生かし合い、ともに成長する学びなのです。

　そのためには、**子どもの評価活動にも協働性を取り入れて、相互評価を通して学び合う関係づくりをしていく**ことが大切です。

　その際にさらに**重要なポイント**は、中央教育審議会が2016年12月21日に公表した「答申」において、アクティブ・ラーニングの最新の定義として、「主体的・対話的で深い学び」というキーワードを出したことです。

　この中で、「深い学び」はとても難しいものです。教科書の基礎的な内容を一通り学ぶだけでは十分ではなくなるからです。また、教師が一方的に教科書の範囲を超えた難しい高度な教科内容を講義すればよいのでもありません。あくまでも、子どもたちの主体的な対話を通した活動によって、「深い学び」の状態へたどり着かせなくてはならないのです。

　そこで不可欠な学びの要素となるのが、子どもたちの相互評価です。

☑ 相互評価によって、考えや作品、パフォーマンスを練り上げる

　相互評価をするときには、必ず子どもたちは評価の観点に沿って対話

を行うことになります。つまり、友だちの作品のよいところを認め合ったり、改善点を指摘してアドバイスし合ったりするのです。

ですから、相互評価は、もともと対話的な学びなのです。その意味で、「主体的・対話的で深い学び」において、子どもたちの相互評価は、不可欠な活動といえます。

しかし、相互評価が、「深い学び」につながるかどうかは、それが、子どもたちの考えや作品、パフォーマンスをよりよいものに改善していること、いいかえれば、**練り合いや練り上げと呼ばれる相互修正や相互改善の取り組みになっている**ことにかかっています。

友だち同士で、たとえば、評価意見を交流したりアドバイス合戦をしたりすることで、より根拠の明確なしっかりとした考えを持てるようになることが重要です。また、下書きの作文を推敲し合って論点が明確で主張に根拠がある個性的な意見文を完成させることも大切です。

そのほかにも、運動競技の技能をチーム作戦を通して改善したり、中間評価をして絵画作品を洗練させたり、合唱のハーモニーを高めたりしていくことにつなげましょう。

☑ 相互評価力は、教師も関わり合いながら高める力

子ども同士の対話で学びが自然に深まるならば、教師の指導は必要ないという反論もありそうです。しかし、子どもの相互評価力は、教師の関わりでさらに高まります。教師は指導者という立場よりも、アドバイザーやファシリテーターという役を演じて、高い目線からではなく、子どもに改善への気づきを促したり、評価の観点を意識化させたり、1つの例示やモデルを示すようにしましょう。

付箋紙法で、友だちの作品の中間評価ができる

☑「対話的な学び」を相互評価に生かす

　はじめに紹介する相互評価の方法は、付箋紙法です。付箋紙に友だちの作品や考え、そしてパフォーマンスについて、肯定的評価や改善意見を書き込んで、友だちに渡します。付箋紙を受け取った子どもは、自分の振り返りシートや設計シートに貼り付けて、友だちからもらった評価コメントをもとにしてさらに自己評価を深めていきます。

　とても簡単な方法ですが、**練り上げや練り合いが気軽にできる**ところがメリットです。また、小学校１年生の生活科から高等学校まで、あらゆる教科・領域で行えますから、とても便利な評価ツールです。

　グループの中で、評価コメントをやりとりする対話を通して、主体的に「深い学び」へと向かっていくことができるのです。

☑ 付箋紙法を成功させる３つのポイント

　簡単に取り組める付箋紙法ですが、簡単なだけに次のような３つの配慮をしなければ効果は半減します。

　第１に、練り上げのための観点を示して、子どもたちに観点別評価を行わせることです。もちろん、観点以外の自由な対話から練り上げのためのコミュニケーションを促すことも大切ですが、逆に自由すぎてしまうと、「浅い学び」に留まってしまいます。

　第２に、色別の付箋紙を２色または３色利用して、肯定的評価、課題

の指摘、改善点の提案といった機能に分けて整理して書かせるようにするとよいでしょう。批判的意見ばかりでは、付箋紙をもらった子どもの自己改善への意欲は高まらないことに配慮してください。

そして第3に、付箋紙にコメントを書く分量はできるだけ少なくして、実際に向かい合って言葉でコミュニケーションを持たせるようにしましょう。無言で書いて無言で渡し、無言で貼り付けるという沈黙の作業が続くような相互評価では、認め合いや自尊感情の高まりが見られなくなるからです。

☑ 友だちのよさを引き出し、アイデアを生かすための相互評価を！

相互評価に慣れていない学級や、そのおもしろさや大切さを実感していない学級では、ややもすると相互評価が批判合戦になってしまいます。**相互評価のねらいは、友だちのよさを引き出し、悩みの解決にヒントを与え、その子の個性を生かすために行うこと**です。決して、批判だけに終わったり、自分のアイデアを押しつけたり、自分が優位に立つために行うのではありません。相互評価から新しい考えや作品、パフォーマンス（歌唱、演奏、運動、演技など）が生み出されることを大切にしてください。

写真 3-1 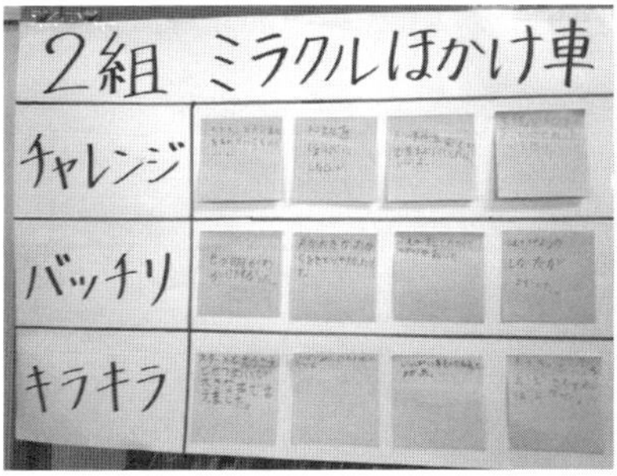
おもちゃ製作の中間発表会で、友だちの作ったおもちゃと遊び方の工夫を評価し合う（小学校2年生生活科）

写真 3-2
一人ひとり書いた創作物語の中間評価会で、肯定的評価と改善点を「物語設計シート」に貼っている（中学校1年生国語科）

相互評価カードで、友だちの作品のレベルアップを促す

☑ 観点別評価に便利な相互評価カードの活用

　相互評価カードといっても、多種多様なものがあります。そこで、ここでは簡単で効果を上げやすい、「観点別相互評価カード」を紹介しましょう。観点別相互評価カードとは、Ａ５やＢ５、Ａ４判の紙に、相互評価の観点や評価規準をあらかじめ印刷しておいたもので、子どもたちが、作品や考え、パフォーマンスの練り上げのために活用します。

　あらかじめ、相互評価の観点や規準が教師によって決められているため、子どもたちの評価の主体性を十分に伸ばすことはできませんが、観点や規準について若干の説明をするだけで、子どもたちにもなじみやすく、簡単に使いこなすことができる便利な評価ツールです。

　評価の観点や規準が明確に示されているので、子どもたちもぶれなくそれらを学習の目標としてとらえることができますし、また、初発の浅い理解に留まることなく、**書き換えや修正、改善を通して、「深い学び」に到達しようとする意欲を見せるようになります**。まさに、新学習指導要領に対応した学習評価の基本ツールといえるでしょう。

☑ どんな評価の観点があるか

　具体例を見てみましょう。資料３－１は、小学校４年生の国語科で行った「生活の中の道具の進化について説明文を書こう！」という創作説明文の授業での相互評価カードです。子どもたちが提案した７つの観

点を生かして作成しました。授業では、教科書の模範文の書き方を活用して課題の文を創作しています。

評価の観点として教師がカードに先に示したのは、「初めの書き出しを工夫できているか？」「問いかけることができているか？」「お話をうまくつなげているか？」「くわしい説明ができているか？」「見方を変えて書けているか？」などの説明文を書くときに必要な学習モデルに沿ったものになっています。友だち２人から評価をもらうとともに、自己評価結果も記入するようになっています。ペアトークをしながら、評価意見を交流していきます。

資料３－２は、中学校２年生の国語科の「意見文を書こう！」という授業で用いた相互評価カードです。創作説明文の学習モデルを生かしてあらかじめ「作品のよかったところ」と「改善した方がよいところ」について、それぞれ５つの評価規準が記載されています。友だちの意見文を読んであてはまるところに○を付けた後で、友だちの作文に具体的なアドバイスをしていきます。

留意点としては、教師が観点や規準を決めておくといっても、できれば子どもたちのアイデアを生かして項目を作ることや、子どもにもわかりやすい表現を工夫すること、さらに、**自己評価の観点や規準と共通にして、自己評価と相互評価を一体化する**ことなどが大切です。

学年発達や教科特性に応じて、各学校で工夫してみてください。

資料3-1 子どもたちが提案した7つの観点を生かして作った
「観点別相互評価カード」（小学校4年生国語科）

評価カード

～◎・○・△で評価をしてもらおう、その理由も教えてもらおう～　　　～自分で評価しよう～

No.	評価の観点	友だち【　】	友だち【　】	自己評価
1	初めの書き出しを工夫できているか？			
2	問いかけることができているかどうか？			
3	お話しをうまくつなげているか？			
4	くわしい説明ができているか？			
5	見方を変えて書けているか？			
6	パッと見てわかりやすく書けているか？			
7	最後に自分の願いが伝わるように書けているか？			

～評価してもらった友だちに読んだ感想を書いてもらおう～

一言コメント【　　】	
一言コメント【　　】	

資料 3-2 創作説明文の学習モデルを生かして作った
「観点別相互評価カード」(中学校 2 年生国語科)

意見文相互評価カード

さん・君へ

よかったところ		改善した方がよいところ
① 序論・本論・結論それぞれの役割がはっきりしている。		① 誤字脱字、漢字の誤りが多い。
② 問題提起がはっきりと書かれている。		② 原稿用紙の使い方が正しくないところがある。
③ 問題提起と解説がきちんと対応している。		③ 常体・敬体が統一されていない。
④ 資料の内容を簡潔に要約できている。		④ 「〜のだ。」という文末の意見が書かれていない。
⑤ 自分の意見や主張が書けていて、説得力がある。		⑤ 事実と意見がはっきりと書き分けられていない。

【感想・アドバイス】

作戦ボード法で、戦術や方法の練り合いができる

☑ 体育科や音楽科で学びと評価の一体化

　ここでは最初に、実践事例を見てみましょう。

　写真3-3は、小学校3年生音楽科の授業で、「森を表現しよう！」というテーマのもとに、複数の森の写真から、グループで1枚選び、打楽器とリコーダーを用いて森のイメージのリズム表現を創作する授業の様子です。プラスチック・ボードに透明フィルムを貼って、マジックで図形楽譜を書いています。

　これだけだと、楽譜にすぎないのですが、グループでイメージを構想し、試しの演奏を通して振り返り、よりよい演奏になるように楽譜を書き換えているところがポイントです。つまり、書き換え可能な楽譜は、相互評価ツールになるというわけです。

　写真3-4は、中学校2年生体育科の授業で、フリーゴール・サッカーのグループ別戦術会議を開いている様子です。持っているのは、ホワイトボードとマグネット、そしてマジックです。

　写真の例の「パス回し六角形作戦」と名付けられた戦術は、6名のメンバーがサッカー・ゴールの周りを囲み、相手をかく乱しながらボールを回し続け、「今だ！」とリーダー役の子が叫んだときに、シュートをするというものです。

　これも作戦を図解するだけでは設計図にすぎないのですが、次の試合までの空き時間に、グループで戦術を反省し、修正する対話を持つことで、相互評価ツールに生まれ変わるのです。

写真3-3

プラスチック・ボードに書いた、創作したリズム表現の図形楽譜を、対話をしながら修正している（小学校3年生音楽科）

写真3-4

フリーゴール・サッカーのチーム作戦会議で、戦術を書いたり、話し合いで修正したりしている（中学校2年生体育科）

☑ 計画→実施→評価→改善のPDCAサイクルに沿って使う

　この2つの事例にみられるように、子どもたちに演奏や試合の作戦や戦術を考案させて、その実施の後に振り返り活動の中で自己修正を図り、改善した作戦をまた試してみるといった、一連の自己改善の流れは、まさに、「子どもが回すPDCAサイクル」と呼べるものです。

　子どもがPDCAサイクルを動かして、自分たちの行動をグループでの「対話的な学び」を通して自己修正していくわけですから、これはとても高度なアクティブ・ラーニングです。

　たとえ高度であっても、こうした作戦ボードなどの相互評価ツールがあることで、共同作業の中で豊かで評価的な対話が生まれ、自分たちの力で自己改善という「深い学び」に到達できるようになるのです。

☑ 作戦の可視化と操作化が「学びと評価の一体化」を生み出す

　上記の一連の流れは、子どもたちによる**「学びと評価の一体化」**であるといえます。つまり、作戦の可視化と操作化（修正）を通して、自分たちの学びを相互評価しながら高めていくのです。

ビデオ動画法で、パフォーマンスの修正・改善ができる

☑ ビデオ動画を、自分を映す鏡にすると振り返りができる

　学校では、20年ほど前に、デジタルカメラが普及し始めたころ、すでにビデオ動画を鏡的に利用して、国語科のスピーチ練習（写真3-5）や体育科のマット運動などを記録し、それを再生しながらグループで子どもたちが主体的に相互評価して高め合う活動をよく行っていました。

　15年ほど前からデジタルビデオデッキが出始めるようになると、「遅延再生」が可能となり、体育科のマット運動や跳び箱の跳び方の授業でも使われるようになりました。

　機器の種類がどのようなものであれ、**ビデオ動画の鏡的利用では、相互評価の観点（身につけたい力）をしっかり決めて、子どもたちに振り返りと改善を行わせる**ことが大切です。また、すでに紹介した、観点別相互評価カードを組み合わせて用いると効果がアップします。

写真3-5
スピーチの様子をデジタルカメラでビデオ録画して振り返りに活用する（小学校4年生国語科）

☑ タブレットがビデオ動画法の主流になった！

　最近では、安価なタブレットをグループに1台渡して、**主体的に自分たちのパフォーマンスをビデオ記録に残し、グループで再生して相互評価的な対話をしながら自己修正を図る授業**が急速に増えています。まさに、タブレットが子どもたちの「主体的・対話的で深い学び」を生み出しています。

　写真3-6は、中学校1年生体育科の柔道の授業で、タブレットを使って寝技の姿勢を撮影して振り返りに活用しようとしている様子です。相互評価の観点（寝技のチェックポイント）は、固め技を返すにはどうすればよいかです。

　最近では模範演技を教師が見せるだけでなく、ビデオ教材を使ったり、体操部の生徒に演示をさせたり、グループで推薦された生徒が演じたりというように、できる限り生徒主体で相互評価から技の改善を生み出すような工夫が見られるようになっています。

写真3-6
柔道で、グループごとに友だちの実技をタブレットで記録して振り返る
（中学校1年生体育科）

☑ ビデオ・ポートフォリオで長期的な成長の実感を味わわせる

　現在の主流な利用法は、即時的なフィードバックが多いのですが、これからは、動画ファイルを蓄積し、1年間を振り返って自分や友だちの成長を実感させ達成感を味わわせるような工夫が大切です。

評価セッションで、友だちの成長を認め励まし合う

☑ 評価セッションのねらいと特徴

　評価セッションとは、「子どもたちが学びの計画・実施・評価の成果を自己成長シートにまとめ、自己評価と相互評価そして外部評価を通して振り返ることによって、よりよい学びへと改善していくために響き合う活動」です。

　これは、ポートフォリオを作成するだけでなく、そこに蓄積した資料や整理した自己成長のまとめを用いて、5名程度のグループに分かれて、身につけた力と今後の成長課題について発表し合い、お互いのよさと成長を認め合い励まし合う相互評価を中心にした学習です。その際には、自己成長シートに写真と文章で、しっかりと成長の様子や軌跡、その理由などをしっかりと作品としてまとめさせるとよいでしょう（写真3－7～3－10参照）。

☑「主体的・対話的で深い学び」を進める評価セッション

　「主体的・対話的で深い学び」では、子どもたちに学習の決定権が大幅に与えられ、多様な活動を子どもたちが主体的に進めていくことが求められます。そこで、子どもたち自らが学習の成果を振り返り、そこからよりよい学習のあり方を構想していけるような自律的な学習態度を身につけることが大切です。なぜなら、**学びの主体性は、自己評価と自己改善に関わる自律性があって初めて本物になる**からです。

☑「身につけたい資質・能力」を子どもが自己設定する

　子どもの自己評価・相互評価においては、学習を通して**「身につけたい資質・能力」を子どもに自己設定させてそれを対象として評価させる**ことが重要です。

　そのことにより、21世紀社会で必要な多様な資質・能力の伸長について子どもたちにも自覚と責任を持たせようというわけです。

　時間がかかりますから、あらかじめ単元構想の段階で、2時間程度を評価セッションに充てておくといった計画性が必要です。

写真 3-7

「自己成長シート」を作って発表している（小学校2年生生活科）

写真 3-8

友だち同士で「自己成長シート」を見せ合いほめ合っている

写真 3-9

1年間で身につけた力を整理して発表している（小学校6年生総合）

写真 3-10

多様な「身につけたい力」を自己設定・自己評価した「自己成長シート」

成長発表会で、多様な資質・能力を認め合う

☑ 成長発表会とは

　成長発表会は、評価セッション(p.66)の成果を生かして、自分の成長の足跡と課題を発表することを通して自尊感情を高め、よさを認め合う関係を作り出す活動です。

　活動設定の場は、生活科や総合的な学習の時間が適していますが、苦手意識を持ちやすい算数科や、技能の個人差が出やすい体育科で行うといっそう効果的です。

　成長発表会では、自分の成長の足跡を示す作品、たとえば、絵巻物、年表、デジタルポートフォリオ、壁新聞、紙芝居などを作らせると成長の実感を味わえるだけでなく、聞き手にも成長の様子をわかりやすく伝えることができます。

☑ 子どもの自尊感情を高め、相互成長を促す仲間になる

　子どもの自尊感情の育成を促すポートフォリオ評価法は、総合的な学習の時間の中で定着しつつあります。自分の成長の軌跡になる多様な資料を保存して、その中から身につけた力を洗い出し、それを「私の通知表」にしてまとめる活動も広がりを見せています。

　しかし子どもの自尊感情を高めるためには、ポートフォリオをただ作るだけでは不十分です。そこに、評価セッションとそれを生かした成長発表会というワークショップ学習を加えて初めて効果が上がるのです。

自己成長のすばらしさをお互いに認め合う「相互評価や相互成長の場面」を設定することが大切です。また、保護者や学習過程でお世話になった地域の人を招いて「自己成長発表会」や「成長をお祝いする会」を開きましょう。

成長発表会では、子どもたちに、「私はいろいろな人に認められ支えられて生きているんだ」という実感を持たせるようにしましょう。

☑ 自分の成長を発表させる場をつくる

そこで、クリアファイルやコンピュータのデータベースから写真や資料を選び出し、しっかりとした自己成長課題や自己評価規準に基づいて自己成長の姿を再構成して作った「自己成長アルバム」や「自分史新聞」、「デジタルポートフォリオ」などを用いて自信を持って自分の成長を発表させてみましょう。それを見てもらい多くの人に祝福されることが、**子どもたちの自信と自尊感情の高まりと友だち同士でよさを認め合う心につながっていきます。**

写真3-11

身につけた多様な資質・能力の発表会
（小学校4年生算数科）

写真3-12

「自己成長アルバム」を作成して認め合いをしている（小学校5年生総合）

アンケート法で、身につけた力を相互チェックできる

☑ アンケート法は、相互評価ツールになる

　第2章ですでに紹介したアンケート法は、多面的・多角的にしっかりとした項目で自己評価を行うために効果的な方法ですが、その結果を友だちと見せ合うことで、優れた相互評価ツールにもなります。

　第2章の資料2-1から2-3（pp.48-51）にあるように、アンケート法には、アクティブ・ラーニング自己評価シート、学級力アンケート、家庭学習力アンケートなどがありますが、どれも子どもたちが回答した結果をレーダーチャートで表示できますので、グループや学級全体で振り返るための機会を提供してくれるのです。

☑ 家庭学習力アップ大作戦をしよう！

　たとえば、家庭学習力アンケートの結果をレーダーチャートにして、クラスのみんなで見ながら、家庭での学習や生活のあり方を改善するための対話活動を特別活動や総合的な学習の時間に設定してみましょう。宿題の仕方や自主学習ノートの書き方、読書の仕方など、うまくいった方法を友だちに紹介したり、友だちから学んだりして、改善アイデアを共有していくのです。

　そうした**友だちとの学び合いや励まし合いは、子どもたちの家庭学習に向かう力を高めていきます。**

写真3-13

家庭学習の成功の秘訣を交流し合った板書（小学校5年生特別活動）

写真3-14

「家庭学習週間チェック表」を見せ合っている（小学校4年生特別活動）

☑ 学級力を高めるスマイルタイムをしよう！

　学級力とは、学級の友だち同士が協力して学級をよりよくする力です。その中には、目標達成力、自律実行力、対話継続力、協調維持力、安心実現力、そして規律遵守力などが含まれています。

　自分のクラスの学級力をみんなで振り返るためのアンケートが、学級力アンケートです。その結果を、クラスの平均値としてレーダーチャートにするエクセルのプログラムも提供されています（参考文献を参照）。

　学級力の状況を子どもたちが自己診断し、改善のための取り組みを考案し、それを実践した結果を再びアンケート結果を参考にして相互評価する時間がスマイルタイムです。いわば、**学級づくりのアクティブ・ラーニング**です。学級が落ち着き、学力向上にも効果があることがわかってきました。学級力アンケートの導入を、おすすめします。

【参考文献】

資料2－1…田中博之著『アクティブ・ラーニング実践の手引き』教育開発研究所、2016年

資料2－2…田中博之編著『学級力向上プロジェクト3』金子書房、2016年

資料2－3…田中博之編著『アクティブ・ラーニングが絶対成功する！　小・中学校の家庭学習アイデアブック』明治図書出版、2017年

第 **4** 章

学びの基準が明確になる！ルーブリックによる評価

アクティブ・ラーニングの学習評価にはルーブリックが不可欠

☑ ペーパーテスト以外で学習成果を評価する

　アクティブ・ラーニング（「主体的・対話的で深い学び」）には、学習評価の面から見たときに、次のような5つの特徴があります。
【学習評価から見たアクティブ・ラーニングの特徴】
　①育成する資質・能力が多様である
　②子どもの作品やパフォーマンスを学習成果とすることが多い
　③長期にわたる学習の成果を評価する必要がある
　④資質・能力の伸長や成長を評価することが多い
　⑤個人ではなく、グループでの学習成果を評価することがある
　これらは、単元テストや定期考査で使われているペーパーテストがなじまないものです。なぜなら、**ペーパーテストは、限定された学習範囲の知識・理解の習熟度の測定に適した評価方法**であり、また、鉛筆と紙によって1回限りの知的作業をすることを求める方法だからです。

☑ ルーブリックによる学習評価の必要性

　たしかにこれまでも、図画工作科や美術科では作品評価が行われていましたし、音楽科や体育科では歌唱や運動のパフォーマンス評価を行っていました。
　しかしこれからは、従来の作品評価やパフォーマンス評価の方法では十分ではなく、次のような理由から学習評価にはルーブリックが必要で

あることがわかってきました。

【学習評価にルーブリックを必要とする理由】
①子どもの作品やパフォーマンスを多面的・多角的に評価する
②ルーブリックを開示し、子どもと教師が評価の観点や規準を共有する
③評価のレベル差が子どもの目標値となる
④教師の直感ではなく、明確な基準に基づいた評価を行う
⑤複数の教師で評価規準と判断基準を共有し、妥当性・信頼性の高い評価をする

①は、これまでのように1つの観点による点数や数値に基づく評価ではなく、子どもの作品やパフォーマンスに表れる学習成果の観点を複数設定して多面的・多角的に見ることの大切さを示しています。

②は、どのようなルーブリックで評価をするのかを子どもにも保護者にも開示して、評価規準や判断基準を可視化することです。

③は、**「学びと評価の一体化」**という考え方にしたがって、学習目標と評価規準を一致させ、子どもたちにルーブリックを提示することで、1つでも多くの観点で最高レベルを目指そうという学習意欲を高めることにつながるため、大切なポイントとなります。

④は、②と部分的に関連しますが、アクティブ・ラーニングの学習評価をブラックボックスにしてしまうのではなく、開かれた評価にすることや、学習評価のあり方を教師の授業力や評価力の育成と関わらせて、教員研修の課題とする必要性を示しています。

最後の⑤については、教科担任が1名しかいない教科も現在では少なくありませんから難しいことですが、保護者や子どもに信頼される評価にするためには必要なことです。

このような点から、**アクティブ・ラーニングの学習評価にはルーブリックが不可欠**なのです。

ルーブリック評価で、身につける資質・能力の基準を可視化する!

☑ ルーブリックとは何か？

　では、ルーブリックとはどのようなものなのでしょうか。

　ルーブリックとは、絶対評価のための判断基準表のことです。英語ではrubric と表記し、もとは聖書の教典の中で教会の儀式のあり方を朱書きで示したものを意味していました。そこから、行動規範といったような意味で使われるようになり、教育用語としては、アメリカ合衆国において1980年代からポートフォリオ評価法とともに、絶対評価の判断基準表を意味する用語として広く使われるようになってきました。具体例は、この章の後半と第5章に豊富に掲載しています。

　ルーブリックは、縦軸に評価レベルを位置づけ、横軸に評価したい資質・能力の評価の観点と評価規準を置き、それらが交差するセルに具体的なレベル別の判断基準を文章で書き込んで並べた一覧表です。もっとも詳しいルーブリックでは、それぞれの基準（A・B・C）に点数（3点・2点・1点）を与えて、**学習成果の総括的な評価点数を算出できる**ように工夫したものもあります。

　ただし、必ずしも一覧表を作る必要はなく、評価の観点ごとに、レベル差を示す判断基準の文章を列挙していくだけでもかまいません。

　こうした特徴を持つルーブリックを作成するようになってきたのは、**とくにペーパーテストでは評価しにくい資質・能力の観点において、より客観的で、しかもより高い妥当性と信頼性を持ちながら評価できるようにする**ためです。

☑ 子どもたちが身につける資質・能力の項目を可視化する

したがって、ルーブリックには、知識・理解の観点よりも、思考力・判断力・表現力といった多様な資質・能力を取り上げることが大切です。たとえば、次のような評価の観点と判断基準がセットになります。

【評価の観点】物語創作技法の効果的な活用
　レベルA　技法が5つ以上使われていて心情表現が豊かである
　レベルB　技法が3つ程度使われていて心情表現に工夫が見られる
　レベルC　技法がほとんど使われておらず、心情表現に工夫がない

☑ 妥当性と信頼性を高める現実的な方法

ただし、ペーパーテストでは客観的に評価しにくい観点をルーブリックで扱えば扱うほど、その判断基準の文章表記やレベル分けの仕方について、継続的な改善と修正を行うことが必要です。また、信頼性を高めるためには、複数の評価者が同じルーブリックを使って同じ作品やパフォーマンスを評価し、その一致度を測ってみるなどの工夫が必要です。

さらに、各単元で設定したルーブリックを用いて算出した、一人ひとりの子どもに関する学習成果の評価得点を、指導要録における年度末の評定に換算したり、レポートの採点結果を定期考査の思考力・判断力・表現力の得点に換算したりするためには、一定の「換算公式」を各学校において設定しておかなければなりません。

そして、同じ学年や同じ教科の教師集団が、児童・生徒の学習状況を、作品分析や行動観察によって多面的にとらえて共有化し、それらを基にして常にルーブリックの改善と修正を行うことが大切です。

しかし、このようにして理想を追求しようとすればするほど困難を伴いますので、たとえばルーブリックの作成時点で、複数の教師が協力したり、評価が厳しすぎたり甘すぎたりしていないかほかの教師にアドバイスを求めたりといった程度の取り組みが現実的でしょう。

ルーブリックの作成手順はとてもカンタン！

☑ 教師が使うルーブリックの作成手順

　アクティブ・ラーニングで活用するルーブリックには、大きく分けて、「教師が使うルーブリック」「子どもが使うルーブリック」、そして「子どもが作って使うルーブリック」の3種類があります。

　まず、「教師が使うルーブリック」の作成手順は、次のとおりです。

【ルーブリックの作成手順】
　①身につけたい資質・能力を明確にする
　②資質・能力を、3つから4つの評価の観点にして整理する
　③評価の観点を文章化して評価規準を作る
　④1つの評価規準を3つから4つのレベル差を考慮して判断基準を作る
　⑤評価の観点、評価規準、判断基準を整理して一覧表にする
　⑥各レベルの配点を決める
　⑦定期考査や単元テストなどへの算入式を作る

　子どもたちの作品やパフォーマンスを教師が評価するルーブリックを作るのですから、①と②の段階で、**どのような資質・能力を育てたいのかについて明確にしておく**ことがもっとも大切です。なぜなら、アクティブ・ラーニングは、子どもたちに課題解決的な資質・能力を育てることが大きなねらいとなるからです。また、煩雑になるようでしたら、ルーブリックの中に必ずしも評価規準を書いておく必要はありません。

☑ 子どもが使うルーブリックの作成手順

　教師が作成して、子どもたちに自己評価や相互評価を行わせるルーブリックもあります。子どもたちが使う評価ツールになるのですから、わかりやすくシンプルに作りましょう。
【ルーブリックの作成手順】
　①つけたい力を明確にする
　②つけたい力を、3つから4つの評価の観点にして整理する
　③評価の観点をやさしい文章にして中間レベルの判断基準を作る
　④3つから4つのレベル差を考慮して③以外の判断基準を作る
　⑤評価の観点と判断基準を整理して一覧表にする
　子どもたちの学年発達や理解度を考慮して、とにかくわかりやすい表現を心がけてください。必要に応じて、配点を明示しておくこともできます。そうすることで自己採点を可視化する利点が生まれます。

☑ 子どもが作って使うルーブリックの作成手順

　ルーブリックを子どもたちに作らせることで、評価から学びの改善を生み出そうとする積極性や意欲が生まれます。
【ルーブリックの作成手順】
　①つけたい力を明確にする
　②つけたい力を、3つから4つの評価の観点にして整理する
　③評価の観点を1つ選び、すべてのレベルの判断基準を記入しておく
　④レベル1に該当するすべての観点における判断基準を記入しておく
　⑤残りのセルは空欄にしておく
　すべてを子どもたちに自作させることはできませんので、③や④のように補助輪としていくつかのセルを教師があらかじめ埋めておくとよいでしょう。場合によっては、空欄を埋める判断基準をクラスで協働して作らせることもできます。具体例は、次項以降を参照してください。

創作力を見る「作品評価」をやってみよう

☑ 教科特性を生かした創作力を育てる作品づくり

　アクティブ・ラーニングにおいては、「核となる活動」を設定することが大切です。ただ、座席を離れて教室内を回り、いろいろな友だちの考えを聞いてくるだけでは、「深い学び」につながりません。

　もっともおすすめしたい「核となる活動」は、国語科や理科、社会科などでアウトプット型の資質・能力を育てる作品制作の活動です。

　たとえば、物語文や説明文、意見文、鑑賞文、短歌・俳句などを創作する活動を単元の終盤に入れてみましょう。時間はかかりますが、**子どもたちの表現力・発信力を育てることは、アクティブ・ラーニングのもっとも重要な学習目標**になります。

　実技系教科においては、いうまでもなく作品制作は教科の中心的な活動です。たとえば、図画工作科・美術科での絵画や彫塑の作品づくり、音楽科での楽譜づくり（作曲）、技術・家庭科でのものづくりなどが代表的な創作活動です。

　こうした創作表現は、最終的には発表、朗読、スピーチ、演奏などのパフォーマンス活動に発展していきますから、後述する「パフォーマンス評価」（p.88）と関連させて理解しておきましょう。

☑ 作品評価のポイント

　このような作品評価に共通するポイントは、次の5点です。

【作品評価のポイント】
　①評価の観点として、「構想力（作品の構成のよさ）」「表現技法の活用」「主題や主張の明確さ」「知識の活用」「作者の個性」などを設定する
　②自己評価ルーブリックを提供して、子どもたちに自分の作品の練り上げ・改善を行わせる
　③中間評価会やアドバイス会を単元の途中で開いて、相互評価ルーブリックにより練り合いをさせる
　④グループによる共同制作の場合には、「グループの協力」などを評価の観点として入れてもよい
　⑤作品鑑賞会や展覧会では、付箋紙を配って、友だちに自由記述で評価意見を書いてもらい、作品の周りに貼ってもらうようにする

　この中でもっとも大切にもかかわらず、見落としがちなポイントは、①の中の評価の観点に「作者の個性」を入れることです。たしかにこの点は、教師による評定のためにルーブリックを使う場合には、客観的な評価が難しくなるため、観点に入れることがためらわれるかもしれません。

　しかし、「主体的な学び」の中に、こうした個性の尊重といった要素をぜひとも入れて欲しいのです。なぜなら、子どもたち同士がお互いの個性を尊重し、「認め合いのある学習」にすることで、子どもたちの学習意欲が高まるとともに、**アクティブ・ラーニングが学級経営にもよい影響を生み出す**ことになるからです。

☑ 作品評価のルーブリックの作り方

　資料4-1には、図画工作科で用いる木工作品の作品評価のためのルーブリックを参考事例として入れています。また、資料4-2には、中学校の家庭科で用いる創作レシピの作品評価を行うためのルーブリックを入れておきました。それぞれ、参考にしてください。

資料 4-1　図画工作科で用いる木工作品の作品評価のためのルーブリック

評価のレベル \ 評価の観点	作品の構成	表現技法の活用	作者の個性
3	作品のイメージが特に明確であり、形や動きの全体的なまとまりが優れている。	木工作品に求められる表現技法の全てについて優れた力量を発揮している。	作品を見る者に驚きや感動をもたらす独自性があり、作者の個性が表れている。
2	作品のイメージが明確であり、形や動きがしっかりとしていて、全体のまとまりがよい。	形の切り抜きが正確で、彩色、ニス塗り、のり付けがきれいにできている。	作品のイメージがユニークであり、彩色、部品の形状、動きなどが独自性を持つ。
1	作品のイメージは明確であるが、形や動きの全体的なバランスがとれていない。	形の切り抜き、彩色、ニス塗り、のり付けなどが丁寧になされていないところがある。	作品のイメージが一般的であり、彩色、部品の形状、動きなどに工夫が少ない。

資料 4-2　家庭科で用いる創作レシピの作品評価を行うためのルーブリック

評価のレベル ＼ 評価の観点	栄養面での工夫	調理技法の活用	オリジナリティー
3	三大栄養素をバランスよく含むとともに、ビタミン、ミネラル、食物繊維にも配慮したメニューになっている。	煮る、切る、盛り付けるという3つの技法に加えて、配色や味付けについて優れた力量を発揮している。	料理を食べる者に驚きや感動をもたらす独自性があり、人への思いや作者の個性が表れている。
2	糖質・タンパク質・脂質の三大栄養素をバランスよく含んだメニューになっている。	煮る、切る、盛り付けるという3つの習得すべき技法がしっかりと発揮されている。	料理のイメージがユニークであり、彩り、食材選択、盛り付けなどが独自である。
1	三大栄養素の全体的なバランスが取れていない。	煮る、切る、盛り付けるという技法が丁寧になされていない。	料理のイメージが一般的であり、工夫が少ない。

知識構造化力を判定する「レポート評価」のやり方

☑ 知識や情報を主体的に構造化する力を育てる

　アクティブ・ラーニングでおすすめしたい「核となる活動」の2つめは、レポート作成です。社会科や理科、そして技術・家庭科などで、調べたことや実験したこと、ものづくりをした成果と課題を、A4判で2枚から3枚程度のレポートとしてまとめる活動を単元の終盤で設定します。
　つまり、**子どもたちが主体的・協働的に知識や情報を構造化して、研究報告書や製作報告書となるレポートを作らせる**とよいでしょう。
　小学校の国語科では、5年生に「活動報告書を書こう」という活動レポートを作る活用単元がありますから、行事や総合的な学習の時間のプロジェクト・レポートの作成と関連づけて、教科横断的な学習を設定するとよいでしょう。
　また、算数科や数学科でも、活用問題を解決した思考プロセスを解決レポートとして文章化させる実践（算数新聞づくりでもかまいません）もありますので取り組んでみてください（資料4－3参照）。

☑ レポート評価のポイント

　レポート評価のポイントは、次の5点です。レポート評価も作品評価の1つですから、多くのポイントが共通します。
【レポート評価のポイント】
　①評価の観点として、「構成の工夫」「記述と根拠の明確さ」「知識の活用」「表

現技法の活用」などを設定する

②自己評価ルーブリックを提供して、子どもたちに自分のレポートの練り上げ・改善を行わせる

③中間評価会やアドバイス会を単元の途中で開いて、相互評価ルーブリックによりレポートの練り合いをさせる

④科学的なレポートでは、構成は、問題意識→研究目的・方法→調査・実験の計画→データや資料の整理→考察→今後の課題→引用文献、などになっているかどうかを評価する

⑤プロジェクト・レポートでは、構成は、現状の分析と改善の課題→目標の設定→実施計画の立案→計画の実施→プロジェクトの成果と課題→参考文献、などになっているかを評価する

⑥表現技法については、引用の出典が明確であること、意見と事実を書き分けていること、データや資料に基づいた結論を導いていることなどが、評価対象となる

☑ レポート評価のルーブリックの作り方

資料4－4は、中学校の総合的な学習の時間で生徒が書いたプロジェクト・レポートを評価するためのルーブリックです。

このルーブリックでは、評価の観点として、「課題意識と目標設定」「計画と評価の記述」「表現技法の活用」の3つを設定しています。また、観点ごとに整理した判断基準（1つひとつのセルに書かれた文章）には、具体的なポイントを多く入れています。

指導要録での総合的な学習の時間の記載については、自由記述が基本ですので、ルーブリックの評価結果を数値で評定に入れる必要はありませんが、1つひとつの判断基準の文章を参考にして、**「基準に準拠した評価」を行った結果を文章表記する**とよいでしょう。

資料4-3　活用問題を解決した思考プロセスをまとめたレポート
（中学校2年生数学科）

問題　No.09.1の問題1について，菅原さんはS社とT社のどちらに加入している場合が，電話料金が安いか説明しなさい。

まず、昼間の通話時間をx、夜間の通話時間をyとして、それぞれの通話時間を求める。

合計通話時間は41分なので「$x+y=41$」という式ができる。

また、S社の通話料は夜間30円、昼間10円であり、基本料2800円との合計は3470円であるから、

「$10x+30y+2800=3470$」という式もできる。

この2つの式を連立方程式として解くと、

$$\begin{cases} x+y=41 & \to ① \\ 10x+30y+2800=3470 & \to ② \end{cases}$$

①×10　　$10x+10y=410$
②×1　　$-)10x+30y=670$
　　　　　　　$-20y=-260$
　　　　　　　　$y=13 \to ③$

③を①に代入する
$x+13=41$
$x=41-13$
$x=28$

$x=28, y=13$

となり、昼間の通話時間は28分、夜間は13分だということが分かる。

次に、T社の電話料金を求める。

T社の基本料は1800円、昼間の通話料60円、夜間は20円であるから、「$60x+20y+1800$」が電話料金になる。

先ほどと同様、「$x=28, y=13$」を式に代入すると、

$60×28+20×13+1800 = 1680+260+1800$
　　　　　　　　　　　　　　　$= 3740$

と解くことができる。よって、T社の電話料金は3740円である。

最後に、S社の電話料金3470円、同様にT社は3740円であるので、電話料金が安いのは、S社である。

資料 4-4 総合的な学習の時間におけるプロジェクト・レポートを評価するためのルーブリック

評価のレベル \ 評価の観点	課題意識と目標設定	計画と評価の記述	表現技法の活用
3	課題意識とプロジェクトの目標が明確に記述されているとともに、プロジェクトの意義や価値が説得的である。	プロジェクトの計画が具体的に順序よく書かれている。さらに、プロジェクトの評価の根拠が明確で妥当性がある。	事実と意見の書き分け、引用の仕方、データのまとめ方に加えて、主張の書き方、反省点などについても明確である。
2	課題意識とプロジェクトの目標が明確に記述されている。	プロジェクトの計画と評価の結果が明確に記述されている。	事実と意見の書き分け、引用の仕方、データのまとめ方などが適切である。
1	プロジェクトを実施するための課題や目標が明確に記述されていない。	プロジェクトの計画と評価の記述に明瞭性や根拠が十分に見られない。	事実と意見の書き分け、引用の仕方、データのまとめ方などが十分でない。

思考力や表現力を測る「パフォーマンス評価」とは

☑ 思考力や表現力を測るパフォーマンス評価

　パフォーマンス評価とは、朗読、演技、スピーチ、プレゼンテーション、実験（器具の組み立てなど）、演奏、歌唱、運動、調理、ものづくりなどの実演的活動を行わせ、そこで示された技能の熟達度や知識の活用度について評価をする方法です。

　ルーブリックは、まさにパフォーマンス評価にもっとも適した評価ツールです。なぜなら、パフォーマンスを評価するときには、複数の観点でレベル別の評価をする必要があるからです。

　具体的な例をあげると、アイススケートや体操、シンクロナイズドスイミングなどの競技で行われる採点方式と共通点が多いことに気づくと思います。

　厳密な数値で順位が決まる陸上競技や水泳競技などとは異なり、採点方式による順位づけでは、複数の観点で点数が採点者ごとに出されて、各演技者の合計点が集計されます。さらに採点者の主観性を最小限にするために最高得点と最低得点がカットされることもあります。また、内規でそれぞれの点数には、詳細な技能ごとの得点が決められています。

　つまり、パフォーマンス評価とは、厳密な数値評価で一義的にレベル差が特定できない実演的活動において、観点ごとにレベル差を明示した判断基準を設定しておくことで、知識・技能の熟達度を評価する方法であるといえるでしょう。作品評価もパフォーマンス評価の一部であるという定義もありますが、本書では両者を区別しています。

☑ ルーブリック評価の問題点とその解決方法

　したがって、パフォーマンス評価においては、評価者の主観性が少なからず入るため、それを排除するためには、複数の評価者で評価を行いながら、判断基準をわかりやすく書き換えたり、判断基準の難易度を調節したり、レベル数を調節したりする作業が必要になります。

　また、ルーブリック評価は絶対評価であるように見えて、実は基準設定が集団の実態と無関係には厳密に設定できないため、判断基準の難易度を決めるときに、集団における人数割合をあらかじめ想定することが必要な場合もあります。

　さらに、合唱やグループダンス、群読、グループ・プレゼンテーションなどのように、数名で協力して行う実演的活動のパフォーマンス評価については、児童・生徒個人ごとに行う評定にはなじまないため、授業中に子どもたち同士の相互評価やグループでの反省・改善を行わせる自己評価、または教師による形成的評価として実施するほうがよいでしょう。

☑ パフォーマンス評価のルーブリックの作り方

　国語科や英語科でのパフォーマンス評価とそこでのルーブリックの作成・活用方法については、第5章で解説します。ここでは、体育科のダンス領域でのルーブリック（資料4－5）と、総合的な学習の時間におけるグループ・プレゼンテーションのためのルーブリックを紹介しましょう（資料4－6）。

　両者に共通する特徴は、ともにグループでの実演的活動であるため、評価の観点に「グループでの協力性（チームワーク）」が設定されていることです。また、基礎的な表現技法を活用するとともに、メンバーのオリジナルなアイデアを生かした個性的な表現になっていることも大切にされていて、それぞれの判断基準に盛り込まれています。

資料4-5　体育科のダンスのパフォーマンス評価のためのルーブリック

評価のレベル ＼ 評価の観点	構成	表現技法の活用	チームワーク
3	全体の構成にオリジナリティーがあり、変化に富んだ各場面が連続的に表現さている。音楽の特徴を十分にとらえて表現している。	ステップ、身体表現、隊形、表情などの技法がしっかり活用できており、独創的なアイデアが生かされた個性的な表現である。	メンバー全員のイメージの共有化がしっかりとしており、チームの個性と高度な技術がバランスよく発揮されている。
2	構成がしっかりしており、各場面の連続性や音楽との関連性も取れている。	ステップ、身体表現、隊形、表情などの技法がしっかりと活用されている。	一致した動きとメンバーの個性的な動きの調和が取れている。
1	全体の構成があいまいであり、音楽のリズムや場面イメージと表現が合っていないところがある。	ステップ、身体表現、隊形、表情などの技法がほぼ習得されているが、十分に洗練されていない。	一致した動きでの統一感が不足しており、一人ひとりの個性を生かす場面がない。

資料 4-6　総合的な学習の時間におけるプレゼンテーションのパフォーマンス評価のためのルーブリック

評価のレベル＼評価の観点	内容	表現技法の活用	チームワーク
3	調査や実践の成果と課題が深い考察や意義づけとともに発表されている。全体構成もしっかりとしており、反論に対する配慮もある。	表現技法の活用に優れているだけでなく、聞き手とのコミュニケーションが取れており、相互啓発の空間が構成されている。	内容構成、資料作成、発表の各場面でチームワークがよく発揮されている。メンバーの個性が見える発表である。
2	グループで調査したり実践したりしたことが、構成よく整理されて伝えられている。	資料作成、役割分担、明瞭な発声、主張点の明確化、時間管理などの点で優れている。	内容構成、資料作成、発表の各場面でチームワークがよく発揮されている。
1	発表内容に深い考察や意義づけがなされていないために、表面的な紹介に終わっている。	プロジェクトの計画と評価の記述に明瞭性や根拠が十分に見られない。	内容構成、資料作成、発表の各場面でチームワークが十分に発揮されていない。

目標達成力を判断する「プロジェクト評価」とは

☑ プロジェクト評価とは何か？

　プロジェクトとは、決められた期間内に限られた予算を用いて、ある共通目標の達成のために、異なる多様な能力を持つ人々がチームを構成して取り組む共同作業のことです。このような特徴を持つことから、プロジェクトは、柔軟な集団編成によって、多様な能力を総合的に発揮しながら現代社会の問題を短期的に解決することを得意としています。問題が複雑であるからこそ、答えがあらかじめわかっていないからこそ、いわゆる異能集団がその総合力を発揮して問題解決に取り組むことが必要とされているのです。

　そこで、21世紀の新しい資質・能力として、21世紀を生き抜くすべての子どもたちに、このプロジェクト方式による目標達成力や企画実践力を身につけさせることが緊急の課題になっているのです。

　つまり、**プロジェクト評価とは、チームで企画し実践したプロジェクトの成果と課題を明らかにすること**です。そこには、多面的・多角的な評価が必要になりますから、ルーブリックを必要とするのです。

☑ 子どもたちが取り組むプロジェクトの特徴

　総合的な学習の時間が、子どもたちのプロジェクトを実践する時間として最適です。では、どのようなプロジェクトがあるのでしょうか。
　まず、1つめのタイプは、「フェスティバル系」のプロジェクトです。

環境フェスティバルや国際交流フェア、郷土物産フェスタ等のように、地域の人々を学校に招いて、環境や国際交流に関わる様々な啓蒙イベントを開催するのです。

2つめは、「シンポジウム系」のプロジェクトです。これは、参加者間の討論や質疑応答を通したコミュニケーションを活性化するためのものです。シンポジウム以外にも、パネルディスカッション、ディベート大会、サミット、スピーチ大会などを開催することもあります。

3つめに、「起業系」のプロジェクトをあげておきましょう。小学校では「キッズマートをひらこう」や、中学校や高等学校では企業の経営シミュレーションを行うために、「バーチャル株式投資をしよう」や「コマーシャルをつくろう」といったカリキュラムも開発されています。

4つめには、「作戦実行系」というタイプのプロジェクトもあります。「校内クリーン作戦に取り組もう！」といった学校の美化作戦や環境ボランティア活動を実践したり、「地域のゴミ０作戦に挑戦！」というような地域の環境美化の取り組みを行ったりするのです。

最後に、5つめとして、「ふれあい系」のプロジェクトでは、保護者にこれまで育ててくれた感謝を伝えたり、地域のお年寄りや障害者に喜んでもらえるパーティーや交流会を開催したりします。

☑ プロジェクトで育てたい資質・能力と評価のあり方

このようなねらいと特色を持つプロジェクトでは、資料4－7にあげたような多様な資質・能力の育成が求められます。このような豊かな力を総称して、目標達成力、あるいは企画実践力と呼ぶことにしましょう。プロジェクト評価は、子どもたちが実施する評価ですから、**子どもたちにわかりやすい表現を使ってやさしいルーブリックを作る**ことが大切です（資料4－8参照）。評価の観点は、発達段階によって5つだと多すぎる場合には、3つにしてもかまいません。時間が許せばプロジェクト評価のルーブリックを子どもたちに自作させるとよいでしょう。

資料4-7　プロジェクト学習で育む目標達成力に含まれる多様な資質・能力

① 目標と課題の設定
  ○大きなねらいから具体的な目標までを体系的に書き出せる
  ○昨年度の研究からの発展を考えることができる
  ○他の班との整合性や関連を考えることができる

② 必要な活動リストの作成
  ○制約条件を考慮しながら必要な活動を挙げることができる
  ○必要な場合には、計画を柔軟に変更することができる
  ○探究、表現、交流のバランスがとれた計画を立てられる

③ グループでの役割分担
  ○メンバーの特技や興味を生かした分担ができる
  ○活動の負担がかたよらないように配慮できる
  ○共同作業と個別作業の組み合わせを考えられる

④ 助けになる資料や人材のリストアップ
  ○入手可能な資料のリストを作ることができる
  ○協力依頼が可能な人材のリストを作ることができる
  ○多様な情報収集メディアをリストアップできる

⑤ タイムスケジュールの設定
  ○時間設定に無理のない計画を立てることができる
  ○計画、調査、まとめ、発表、実践という流れを構成できる
  ○メンバー全員の活動を位置づけることができる

⑥ 評価計画の作成
  ○自己評価の時期と項目を設定することができる
  ○相互評価の時期と項目を設定することができる
  ○プロジェクト評価の時期と項目を設定することができる

資料4-8 子どもたちが活用するプロジェクト評価のためのルーブリック

評価の レベル \ 評価の観点	目標と課題の設定	計画づくり	活動の充実度	社会貢献	チームワーク
3	プロジェクトを通して身につけたい力を複数にわたり明確に決めることができた。また、学習課題についても高度なことに挑戦し、具体的にグループで決めることができた。	プロジェクトの計画段階に含まれる多くの活動に積極的に集中して取り組むことができた。グループで提案した活動が社会貢献につながることを十分に検討した。	プロジェクトに含まれる多くの活動に積極的に集中して取り組むことができた。グループの提案で独自な企画が実践できた。大きな充実感を感じている。	社会貢献的な活動をやり遂げることができ、評価アンケートの結果からもプロジェクトの成果が大きいことがわかった。グループの反省や課題も明確にできた。	プロジェクトのどの段階でもしっかりと意見を出し合って協力して進めることができ、メンバー全員の個性や持ち味が生かせて達成感が高まった。
2	プロジェクトを通して身につけたい力を明確に決めることができた。また、学習課題についても具体的にグループで相談して決めた。	時間や難易度、役割分担、役に立つ活動の決定など、計画段階で必要な作業に集中して取り組むことができた。	資料収集、体験活動、広報活動、まとめ、発表会の準備などに集中して取り組むことができて、充実感を感じている。	学校や地域の人々のためになる活動をやり遂げることができ、発表会では、肯定的な感想をもらうことができた。	プロジェクトの企画・実践・発表・評価のどの段階でも、メンバー全員で協力して進めることができた。
1	学習課題を事前に具体的にしっかりと決めきれなかったために、目的や意義があいまいなままであった。	計画段階で必要な活動のいくつかでは、全員で集中して取り組むことができないことがあった。	プロジェクトに含まれる活動のいくつかでは全員で集中して取り組むことができないことがあった。	学校や地域の人々のためになる活動を企画し実践したが、十分な成果をあげられなかった。	ときどきメンバー間の意見の食い違いが解消できず、協力関係が弱くなるときがあった。

身につけた資質・能力を判断する「スキル評価」にチャレンジ

☑ スキル評価とは何か？

　スキル評価とは、ある活動を通して身につけた資質・能力を自己評価したり相互評価したりすることです。すでに、第2章と第3章で、いろいろな方法を解説しています。

　第2章では、「課題づくりチェックシート」や「振り返りチェックシート」「自己目標設定法」などを紹介しました。さらに、「自己評価シート」としては、資料2-1、2-2、2-3（pp.48-51）にあげたシートが、まさにアクティブ・ラーニングにふさわしい、スキル評価のための評価ツールです。また、第3章では、「相互評価カード」や「アンケート法」を紹介しました。

　多くの方法で共通して、身につけたい資質・能力を、あらかじめ評価項目やアンケート項目にして文章化しておき、それに沿って、1・2・3・4などのレベル差を表す数値に○を付けながら、その資質・能力の習熟度をチェックしていくようになっています。

☑ ルーブリックで「スキル評価」をしてみよう

　ここで新たに紹介するものは、ルーブリックを使った「スキル評価」です。先述したアンケート法などでは、数値評価といっても、1・2・3・4という数値がどの程度の資質・能力の習熟度を示しているのかが、評価者である子どもたちに具体的に伝わりにくいのです。

そこで、わかりやすい表現で判断基準を作って、子どもたちが判断しやすいルーブリックを作れば、「主体的・対話的で深い学び」を通して身につけた力を、より正確にしっかりと評価することができるようになるというわけです。

☑「スキル評価」のルーブリックの作り方

では、具体的な例を見てみましょう。資料4－9は、総合的な学習の時間で身につけたい資質・能力の項目を5領域30項目で整理したものです。21世紀スキルと呼ばれる力が豊富に入っています。

「主体的・対話的で深い学び」では、こうした21世紀社会で必要となる多様な資質・能力を育てることが大きなねらいですから、総合的な学習の時間では、ここで例示したような30項目にわたる資質・能力を想定して単元づくりをすることが大切です。

もちろん、子どもたちが活用する「スキル評価」のためのルーブリックでは、全部の項目を羅列することはできないため、それぞれの単元で身につけたい資質・能力を5つくらいに限定して示したルーブリックを作るとよいでしょう（資料4－10）。

すでに第2章の自己目標設定法（p.42）で解説したように、「主体的・対話的で深い学び」では、「評価のアクティブ化」を行うことが大切ですから、**子どもたち自身にルーブリックを作らせることが理想的**です。そうすれば、子どもたちの追求意欲や積極性がより高まるからです。**「学習への自我関与」が高まることで、自分自身が主体的な学びを創り出していくのだという自覚と責任が芽生えていく**のです。

そのために、資料4－10では、あえてすべての判断基準を書かず、空欄を設けています。空欄は、子どもたちと相談しながら埋めていって欲しいのです。

各教科で育てたい資質・能力と「スキル評価」のためのルーブリックの参考例については、第5章を参考にしてください。

資料4-9　総合的な学習の時間で身につけたい資質・能力

［知る力］
① 観察力・記録力・分析力
　●自然現象の観察と記録　●社会事象の観察と記録
　●観察結果やアンケート結果の分析
② 調査研究能力
　●研究の立案、運営、評価　●インタビューやアンケート調査
　●資料の収集、文献講読

［創る力］
③ 作品制作力
　●レポートや発表資料の制作　●実験器具の組み立てや制作
　●メディア作品の制作
④ メディアリテラシー
　●各種メディアの操作　●周辺機器の接続と操作
　●機器やソフトウェアの設定

［表す力］
⑤ コミュニケーション能力
　●スピーチやプレゼンテーション　●ホームページでの情報発信　●ディスカッションやディベート
⑥ 総合表現力
　●演劇、群読　●ミュージカル
　●マルチメディアプレゼンテーション

［関わる力］
⑦ ネットワークリテラシー
　●ネットワークを通した情報交流　●ネットワークの発展拡大
　●研究会やイベントの企画、運営、評価
⑧ ボランティアの実践力
　●福祉施設の訪問　●多様な活動への主体的参加
　●日記やお礼状の交換

［律する力］
⑨学習計画力
　●学習課題の設定　●作業分析と役割分担の明確化
　●学習過程での計画の変更や修正
⑩学習評価力
　●自己評価　●相互評価　●プロジェクト評価

資料4-10 子どもたちが作成・活用するスキル評価のためのルーブリック

評価の観点 評価のレベル	調査研究能力	メディアリテラシー	コミュニケーション	ボランティア実践力	学習評価力
3	すでに誰かが調べた資料やデータだけでなく、自分たちでインタビューをしたりアンケートをとったりして、オリジナルな調査をしてわかったことを整理することができた。				
2	本や資料集で調べたり、インターネットで調べたり、図鑑や事典を引いたりして、たくさんの資料を参考にしてわかったことを整理することができた。				
1	本や資料集、インターネットで調べることはできたが、あまり多くの資料や情報が集まらなかったので、詳しいまとめができなかった。	インターネットで調べることはできたが、情報を編集したり、発表資料を作ったりするときにはコンピュータやタブレットを使わなかった。	グループの中でメンバーとの話し合いや相談はできたが、グループ間の学び合いやゲストティーチャーや地域の人との交流は不十分だった。	自分たちのグループで調べることはできたが、それを校内や地域の人のために発信したり役立てたりする活動まではできなかった。	自己評価シートで振り返りをしたり、相互評価チェックリストでアドバイスはできたが、付箋紙法や自己目標設定法には取り組めなかった。

※ このルーブリックは、あえてすべての判断基準を書かず、空欄を設けています。
　空欄は、友だちと相談しながら埋めていってください。

第 5 章

実践事例が満載！
教科別
ルーブリック評価

小学校の実践事例①
国語科

☑ 書く活動の学習成果をルーブリックで評価する

　小学校では、子どもたちが書いた文章作品を教師がルーブリックで評価し、評定に組み入れることがもっとも多くなるでしょう。

　国語科の教科書には、ほぼすべての学年で、観察文、紹介文、説明文、物語文、新聞記事、意見文、随筆などの多様なジャンルの文章を書く活動が掲載されています。しかし、現時点でほとんどの学校でこうした作文の評価にルーブリックは使われていません。

　その理由は手続きの負担感が大きいことやルーブリックの作成方法が周知されていないことなどにあるでしょう。しかし本書で学んでいただければ、そうした問題はすぐに解決しますから、これからは子どもたちががんばって書いた作品を、多面的・多角的にルーブリックを用いて評価するようにしましょう。

　必要に応じて、保護者や子どもたちにルーブリックを公開して説明することで、ルーブリックに示された書く力（作品制作力）を意識してもらえれば、より積極的に真剣に書こうとする意欲を高めることにつなげられるのです。

☑ 物語文を評価するルーブリックの例

　では実際にルーブリックの実例を見ながら、その特徴と評価方法を解説しましょう。

資料５－１は、小学校の中学年を想定して、国語科での物語文の創作表現を行う活用単元で、子どもが創作した物語作品を評価するためのルーブリックです。どの教科書にも、３年生で物語づくりの単元が設定されています。このルーブリックを参考にして、そのまま使ってもよいですし、学校や子どもたちの実態に応じて改良してもよいでしょう。

　このルーブリックでは、物語創作の活動を通して身につけたい力を、「物語の設定」「表現技法」「プロップ（登場人物の運命）」「言語事項」という４つの評価の観点で定義しています。そして、つけたい力それぞれの評価の観点を具体的に表せるように、判断基準を文章表記して各セルに記入しています。

☑ 採点方法の基本パターン

　さらに、レベル１に１点、レベル２に２点、レベル３に３点という配点をしていますから、子どもが制作した物語作品の評価得点の最高値は、３点×４観点で12点になることがわかるでしょう。同じようにして、最低点は、１点×４観点で４点です。もちろん、レベル１を０点にしてもよいのですが、小学生という発達段階であることや物語づくりでは無回答は存在しないことを考えると、０点を設定するのはためらわれます。

　そして評価結果を、学年末の通知表における国語科の思考力・判断力・表現力の観点別評価に得点として算入したい場合には、換算公式として、たとえば、得点÷６×５にして10点満点に換算したり、１点から４点をＣ、５点から８点をＢ、そして９点から12点をＡとしたりすることで、観点別評価に組み入れることができますので工夫してみてください。

　なお、資料５－２は、説明文を自己評価するためのルーブリックです。あわせてご活用ください。

資料 5-1 小学校国語科の物語作品を評価するためのルーブリック

	評価の観点	物語の設定	表現技法	プロップ	言語事項
評価規準		物語の特徴を、いつ、どこで、だれが、どうした、どんなトラブルがおきた、どうやって解決した、という6つのポイントで設定できる。	物語の中に、くりかえし表現、色やにおいを表す言葉、心を表す言葉、音や動きを表す言葉という4つの技法で種類を組み込むことができる。	主人公の物語展開を、これまでに読んだ物語や自分の経験を生かして、個性的に作り出し、物語の創作に生かすことができる。	文頭一文字下げや、正しい漢字の書き方、「、」や「。」の正しい打ち方、「を」と「お」や「わ」と「は」の区別などができる。
判断基準	レベル3	6つのポイントのうち、5つ以上で物語の特徴をウェビング図で整理して設定することができる。	4つの表現技法のうち、3つ以上の種類の単語を表現力豊かに活用することができる。	トラブルを解決するアイデアが個性的で、物語が創意工夫によって豊かに展開している。	正しい日本語を使うことができており、誤字や脱字もほとんどなく、きれいに清書できている。
判断基準	レベル2	6つのポイントのうち、3つから4つについて物語の特徴をウェビング図で整理して設定することができる。	4つの表現技法のうち、3つ以上の種類の単語を活用することができるが、活用する回数が少ない。	物語展開のアイデアとしてこれまで読んだものを使うことが多いが、物語として成立している。	いくつか文法上の間違いはあるが、ほぼ正確に書けており、丁寧に清書しようとする態度が見られる。
判断基準	レベル1	物語の特徴を、ポイントを組み合わせて設定することができない。	4つの表現技法のうち、1つまたは2つの種類だけを活用している。	これまでに読んだ物語のアイデアを使っているが、物語の展開が十分でない。	文法上の間違いが多く、きれいに清書できていないが、努力している。

※ レベル1を1点、レベル2を2点、レベル3を3点として採点し、最高点を12点、最低点を4点とする。

資料5-2 小学校国語科の説明文を自己評価するためのルーブリック

評価のレベル \ 評価の観点	段落の組み立て	説明ことばの活用	資料の活用
3	はじめ・なか・おわりという3つの段落で文章を組み立てていて、さらに、問いかけ・解説・まとめという流れでわかりやすく説明をしている。	事実と意見を区別して書いていて、さらに、逆につなぐ言葉や順序を述べる言葉、例をあげる言葉、引用をする言葉を使っている。	自分がいいたいことの証拠になりせっとく力を高める資料を自分で集めて、それをわかりやすく引用しながら説明している。
2	はじめ・なか・おわりという3つの段落で文章を組み立てることはできたが、問いかけ・解説・まとめという流れで説明できていないところがある。	事実と意見を区別して書けているが、説明ことばの中で使っていないものが多いので、せっとく力のある文章になっていないところがある。	自分で資料を集めて引用しながら文章を書くことができたが、説明の正しさを示す証拠や理由がはっきりしていないので資料の価値が低い。
1	文章を、3つの段落や説明の流れで整理して書くことができていない。	事実と意見を区別して書けていないところがあり、説明ことばも使えていない。	自分の説明をわかりやすくする資料を集めることができなかった。

※ この自己評価ルーブリックで、自分の作文をしっかりと見直して書き直そう！
友だちと相互評価をしてアドバイスをもらい、自分の作文の書き直しに生かそう！
作文の清書が終わるころには、レベル3が増えているように努力しよう！

小学校の実践事例②
算数科

☑ 活用問題の解答をルーブリック評価する

　小学校算数科では、これまで単元テストの結果を基にして評価を行い、そこから評定につなげていることが多かったでしょう。その他に、宿題と自主学習ノートの提出状況を「関心・意欲・態度」の観点から評価していたこともあるでしょう。

　しかし、**算数科のアクティブ・ラーニングの中心は、活用問題を主体的・協働的に解決すること**にあります。すでに教科書には、巻末問題や章末問題に、全国学力・学習状況調査のＢ問題に類似した活用問題が載っていますので、発展的な学習としてそれにチャレンジして欲しいのです。

　もちろん教科書の基本例題であっても、たとえば４年生の複雑な図形の面積の求積や５年生の台形の求積と単位あたり量、６年生の複雑な図形の体積の求積の単元などでは、活用問題と同じような性質を持つ問題が多く含まれていますので、その解決結果のワークシートをルーブリックで評価することもできます（詳しくは第６章を参照）。

　活用問題の解決には、①複数の既有知識を組み合わせて活用する、②多様な解法が存在する、③複数の資料やデータが提供される、④結果を文章と式や図を組み合わせて書く、といった特徴があります。したがって、ルーブリックが持つ多面的・多角的な評価が必要になるのです。

☑ 算数新聞をルーブリックで評価しよう

　ここでは、算数新聞をルーブリックで評価することを事例として取り上げて解説しましょう（資料5-3）。

　算数新聞は、アクティブ・ラーニングの学習成果を単元ごとに要約してまとめるものであり、算数科の知識・技能の定着をいっそう図り、思考力・判断力・表現力の伸長につなげられる効果的な表現ツールです。しかも、Ａ4判の縦置き用紙1枚分にまとめることが多いので、小学生にはかなりの努力と時間を必要とします。そのため、書き上げたときの達成感は大きいものですし、また、作ったものをしっかりと評価してもらえることで充実感も高まります。

　このような理由から、算数科のアクティブ・ラーニングの学習成果として算数新聞を書くことをおすすめします。あまり子どもたちへの負担になってはいけませんから、学期に1枚程度書かせるようにして、教室の後ろに掲示コーナーを作って学級全員で見られるようにしましょう。理科新聞や社会科新聞と一緒にして掲示することもできます。

☑ ルーブリックの作り方

　資料5-3では、算数新聞の作成を通して身につけたい資質・能力として、「知識・技能の引用」「多面的な内容構成」「表現の工夫」という3つの観点をあげておきました。また、資料5-1（p.104）のような「評価規準」は、このルーブリックでは省略して、シンプルなものにしています。

　さらに、算数新聞のような作品の評価は、新しい指導要録では「学びに向かう力・人間性等」に組み入れることが望ましいでしょう。

　資料5-4は、発表スピーチを相互評価するためのルーブリックですので、こちらも参考にしてください。

資料5-3　小学校算数科の算数新聞を評価するためのルーブリック

評価の レベル ＼ 評価の観点	知識・技能の引用	多面的な内容構成	表現の工夫
3	本単元で学んだ知識・技能と既習事項を関連づけながら引用して、わかりやすい記事を構成している。	公式の整理、解法の紹介、誤答ポイントの指摘、効果的な勉強法、コラム、感想などの豊かな内容構成がある。	表現の工夫として、強調の仕方、色の使い方、整理した書き方、見出しの工夫、段組の工夫がある。
2	本単元で学んだ知識・技能を引用しているが、既習事項との関連づけが十分でないため内容に広がりがない。	新聞記事の内容構成に必要な複数の項目が含まれているが、多様性が豊かではない。	表現の工夫として必要な複数の項目が含まれているが、多様性が豊かではない。
1	引用した知識・技能が限定的であるが、新しく学んだ解決法についてまとめられている。	新聞記事の内容構成に必要な最低限の項目が含まれている。	新聞記事に必要な表現の工夫において、最低限必要な工夫がなされている。

※　採点結果を、思考・判断・表現の評価の観点の得点に部分点として組み入れる。

資料 5-4　小学校算数科の発表スピーチを相互評価するためのルーブリック

評価のレベル \ 評価の観点	発表の組み立て	説明ことばの活用	学んだことの活用
3	まず・次に・最後にということばを使って3段階でわかりやすく説明したり、習ったこと・考えたこと・わかったことに分けて発表したりしている。	授業で習った算数で使う5つの説明ことばを全部使っていて、わかりやすくなっとくできる発表ができている。	授業で学んだ公式や用語の活用の仕方を説明に組み入れていて、さらに、思考や説明の技を使っているので発表がわかりやすい。
2	大きく3段階でわかりやすく説明できているが、習ったこと・考えたこと・わかったことに分けて発表していないのでわかりにくい。	授業で習った算数で使う説明ことばを3つか4つ使っていて、わかりやすくなっとくできる発表ができている。	授業で学んだ公式や用語の活用の仕方を説明に組み入れているが、思考や説明の技をあまり使っていないのでわかりにくい。
1	説明の組み立てがあいまいで、答えは出ているがどうやって習ったことを使って問題を解いたのかわかりにくい。	授業で習った算数で使う説明ことばをあまり使っていないので、筋道がはっきりしたわかりやすい発表ができていない。	問題を解くときに考えた式や答えをしっかりと発表しているが、そのわけや考え方のよさと正しさなどを発表してない。

※　友だちの発表を聞いて、評価してあげよう。
　　評価の観点にそって、具体的なアドバイスや改善の方法を教えてあげよう。
　　前回の発表よりじょうずになっていたら、ほめてあげよう。
※　5つの説明ことばとは、
　　①でもこのままだと比べられないので、
　　②グラフのここに注目してください。
　　③なぜなら、〜〜だからです。
　　④ここで使える公式は、〜ですよね。
　　⑤ここまでいいですか？
※　思考や説明の技とは、
　　①もし、〜〜だとするとこれはおかしいことがわかります。
　　②4つの中でこれはおかしいので、消します。
　　③これを公式にあてはめて考えると、この体積は、〜〜になります。
　　④これら2つのことを合わせて考えると、〜〜であることがわかります。
　　⑤○○さんの考え方がまちがっているところは、〜〜です。

小学校の実践事例③
理科

☑ 理科におけるルーブリック評価

　理科において教師が行うルーブリック評価には、大きく分けて3つの方法があります。

　1つめは、子どものパフォーマンスを評価するもので、たとえば、「実験器具を組み立てられる」「電池と電球を直列と並列に正しくつなげられる」「正しく温度計の目盛りを読み取ることができる」といった基本的な技能を確認するために、子どもたちを一人ひとり理科実験室に呼んで、3分から10分ずつかけながらルーブリックで評価します。しかしこれは時間・労力ともに負担が大きいため、日常的な実施は困難でしょう。

　2つめは、子どもたちが書いた実験計画書や実験レポートなどの作品評価にルーブリックを使うものです。これは、次項で解説する社会科の調査レポートと同じ性質を持つルーブリックになります。

　3つめは、前項で紹介した算数科の算数新聞と同じように、子どもが作った理科新聞をルーブリックで評価するものです。

　ここでは、上記の3つの方法ではなく、子どもによるルーブリック評価の例を紹介しましょう。**理科においては、子どもがルーブリックを用いて自分の学習状況を客観的に評価して、次の学習の改善につなげる習慣を持つ**ことが大切です。すぐに評定に結びつけるのではなく、日常的な自己の振り返り活動としてルーブリックを用いた自己評価力を育てることが大切です。なぜなら、理科はほかの教科と違って、多様な研究方法や思考活動、表現方法が組み合わされてできているため、子どもの自

覚的・意識的な学びが大切になるからです。

☑ 子どもが自己評価ツールとしてルーブリックを用いる

　資料5-5は、小学校6年生の理科の水溶液の単元で、単元終了時に自分の学習成果を自己評価するためのルーブリックです。子どもたちに、アクティブ・ラーニングの大切さを意識してもらうために、評価の観点（ここでは、わかりやすいように、つけたい力と表記しています）の1つに「アクティブ」という項目を入れてみました。こうした評価の観点に沿って**自己評価を継続していくことで、子どもたち自らが主体的・協働的に学ぼうとする態度を育てていきたい**のです。

　もちろん、特定の子どもがずっとレベル1のままにならないように、教師からの個別の支援やグループでの励まし合いなどを工夫することが必要なのはいうまでもありません。また、評価をして終わりにするのではなく、次の単元での学習をどのように改善していくかという見通しを持たせて、理科ノートやワークシートに書かせておくことも忘れないようにしましょう。このルーブリック（資料5-5）では、表の下に、自分の学習の反省点や改善点を書くように工夫しています。

　なお、資料5-6は、グループ発表を相互評価するためのルーブリックです。こちらもあわせてご活用ください。

☑ 理科の活用問題を単元テストに出題する

　全国学力・学習状況調査では、およそ3年に一度、理科の教科学力調査を実施しています。すでに、これまでの2回分の過去問が国立教育政策研究所の該当ページにアップされていますから、自由にダウンロードして参考にすることができます。

　具体的な過去問の活用の仕方と、ルーブリックを用いた活用問題の単元テストの採点方法については、第6章で解説しています。

資料5-5　小学校理科の学習成果を評価するためのルーブリック

つけたい力　　力のレベル	実験	ワークシート	アクティブ	態度
	仮説を立てたり、データを整理してとったり、自分の考えをまとめて発表することができる。	ワークシートには、理科の用語を書いたり、図や絵を描いたり、仮説や自分のまとめを書くことができる。	学習のめあてを考えて、自分から進んで考えを発表したり、友だちと協力して実験をしたりしている。	実験のときに集中して安全に気をつけて取り組んだり、話し合いや発表の姿勢に気をつけたりしている。
レベル3	友だちに教えたり、みんなの意見をまとめたりしながら、実験を進めることができた。	これまでに習ったことを使って考えるだけでなく、自分なりのアイデアや考えを作って書くことができた。	学習のめあてをいつも考えながら、どうすればもっとよい実験になるか考えて取り組んだ。	実験のきまりを班のみんなに守るように注意したり、学習のルールを守ることができた。
レベル2	仮説→観察→記録→まとめ→発表の流れに沿って自分の考えで進めることができた。	ワークシートを全部うめることができ、これまでに習ったことを使って自分の考えをまとめられた。	授業中や実験のときに、自分から進んで取り組んだり、友だちと協力したりすることができた。	実験のきまりをしっかりと守って安全に気をつけ、聞く姿勢をしっかりととることができた。
レベル1	自分の考えを持たないで、ときどき人まかせにすることがあった。	黒板のまとめやデータの記録を写すことはできたが、自分の考えはまとめられていない。	友だちからの指示を待っていたり、実験に参加しないでいたりしたことがあった。	友だちとふざけてしまったり、友だちの発表を聞いていないときがあった。

※　レベル1を1点、レベル2を2点、レベル3を3点として採点してみよう。
1．実　験　（　　）点、2．ワークシート（　　）点
3．アクティブ（　　）点、4．態　度　（　　）点
合計点（　　）／12点
※　レベル1があったら、次にはもっと努力して、レベル2以上をめざそう！
○身につけた力は、

○反省点・改善点は、

資料 5-6　小学校理科のグループ発表を相互評価するためのルーブリック

評価のレベル ＼ 評価の観点	発表の組み立て	説明ことばの活用	学んだことの活用
レベル3	実験のめあて、仮説、方法、結果、考察、感想という流れがはっきりとしていて、わかりやすい発表になっている。	授業で習った理科で使う5つの説明ことばを全部使っていて、わかりやすくなっとくできる発表ができている。	授業で学んだものの特徴や用語の活用を説明に組み入れていて、さらに、思考の技を使っているのでわかりやすい。
レベル2	実験のめあて、仮説、方法、結果、考察、感想という流れはあるが、具体的に書けていないのでわかりにくいところがある。	授業で習った理科で使う説明ことばを3つか4つ使っていて、わかりやすくなっとくできる発表ができている。	授業で学んだものの特徴や用語を説明に組み入れているが、思考の技をあまり使っていないのでわかりにくい。
レベル1	実験のめあて、仮説、方法、結果、考察、感想という流れができていないので、発表内容がわかりにくい。	授業で習った理科で使う説明ことばをあまり使っていないので、筋道がはっきりしたわかりやすい発表ができていない。	問題を解くときに考えたわけをしっかりと発表しているが、そのわけや考え方のよさと正しさなどを発表してない。

※ 友だちの発表を聞いて、評価してあげよう。
　　評価の観点にそって、具体的なアドバイスや改善の方法を教えてあげよう。
　　前回の発表よりじょうずになっていたら、ほめてあげよう。
※ 思考や説明の技とは、
　　①もし、～～だとするとこれはおかしいことがわかります。
　　②4つの中でこれはおかしいので、消します。
　　③前の授業で学んだことをもとに考えると、この実験の仮説は、～～となります。
　　④これら2つのことを合わせて考えると、～～であることがわかります。
　　⑤○○さんの考え方がまちがっているところは、～～です。

小学校の実践事例④
社会科

☑ 社会科におけるルーブリック評価の大切さ

　社会科は、小学校においても中学校においても、暗記教科であるというイメージがもっとも強い教科です。ですから、子どもたちは資料を用いて深く考えるよりも、重要語句や人名、年号を覚えることに一生懸命になっていることが多いのです。

　暗記や記憶は悪いことではありませんが、新学習指導要領では、社会科においても身につけたい多様な資質・能力が記載されることになります。教科書が薄くなるわけでも授業時数が増えるわけでもありませんので、なんとか時間数を生み出しながら、「考える社会科」や「課題を解決する社会科」に取り組むことが求められています。

　そこで、社会科においても、社会科新聞を書かせたり、社会科レポートを書かせたりして、**多様な資料を分析して課題を解決した結果をわかりやすく表現する力を育てるとともに、ルーブリックでその習得状況を評価する**ようにしましょう。

☑ 社会科レポートをルーブリックで評価しよう

　ここでは、子どもが作った社会科レポートの作品評価をするために使うルーブリックを紹介しましょう（資料5-7）。ここでは、4つの観点と3つのレベルから判断基準を整理しています。

　具体的に見てみると、4つの観点とは、「論理構成」「習得した知識の

活用」「事実と意見の区別」「文体」です。

「論理構成」の中には、「モデル」という用語があります。この「モデル」とは、アクティブ・ラーニングに不可欠の学習要素であり、子どもたちの読み方、調べ方、考え方、まとめ方、表し方、動き方、聞き方などの具体的な模範例となるものを意味します。いいかえれば、子どもたちがそれぞれの活動をするときに参照すべき補助輪やヒントとなるもので、アクティブ・ラーニングの「深い学び」を実現するために不可欠のものです。

学校によっては、子どもたちにわかりやすくなるように、「アイテム」や「わざ」という用語を使うこともあります。

☑ レポートづくりのモデルとは

レポートの書き方について、具体的に見てみましょう。

【社会科レポートの書き方のモデル】

①構　成　問題意識→目的と方法→結果→考察と課題→参考文献
②接続詞　「しかしながら」「見方を変えれば」「このようにして」など
③引　用　文献名とページ数を書く、短く要点を書く、根拠づける
④分　量　各節に300字程度で書く
⑤資　料　グラフ、写真、図、年表、地図、などを組み込む
⑥展　開　反論への対応、序数詞の活用、弱点の自覚、などを書く

こうした「モデル」（書き方のポイント）を具体的に教えて、子どもたちがレポート作成に活用できるようにしましょう。

もちろん、授業内でレポートを書くことは時間的に余裕がありませんから、授業では「モデル」を教えたり、見本となる作品の参考例を示したりすることにとどめて、宿題とするかまたは教科横断的なカリキュラム編成により総合的な学習の時間に書かせることもできます。

資料5-8として、社会科で作成した新聞を自己評価するルーブリックも紹介していますので、こちらも参考にしてください。

資料5-7　小学校社会科のレポートを評価するためのルーブリック

評価のレベル \ 評価の観点	論理構成	習得した知識の活用	事実と意見の区別	文体
レベル3	レポート全体を通して、「モデル」を活用するとともに、論理的で読みやすい文章になっている。	授業で習得した知識や用語を、自分の意見を述べるために4つ以上活用している。	根拠としての事実や資料を引用して自分の意見を説得的に展開している。	用語の使い方や意味に誤りがなく、常体・敬体の区別と段落構成ができている。
レベル2	レポートの「モデル」を文章全体にわたって使えている。	授業で習得した知識や用語を3つ以上使えている。	事実を受けて自分の意見を書くことができている。	用語の使い方や意味に誤りがなく、常体・敬体の区別ができている。
レベル1	レポートの「モデル」を1回は使えている。	授業で習得した知識や用語を1つまたは2つ使えている。	事実のみを書いている。	常体・敬体の区別や段落構成があいまいである。

※　レベル1を1点、レベル2を2点、レベル3を3点として採点し、最高点を12点、最低点を3点とする。

資料 5-8 小学校社会科で作成した新聞を自己評価するためのルーブリック

評価のレベル \ 評価の観点	レイアウトの工夫	内容の深まり	個性的な意見
レベル3	段組のよさを生かして、タイトルや小見出しを工夫し、さらにイラストや写真などを入れたり、コラムやコーナーの配置をしたりして、読者が読みたくなり読みやすくする工夫をしている。	見たこと・聞いたことを記事にして書くだけでなく、思ったこと・不思議なこと・ユニークなことなどを、その理由や歴史にもふれながら記事を詳しく書いている。	本や資料に書いていることやインタビューしたことをまとめて記事にしただけでなく、自分の考えや意見、自分で作ったアンケートの結果、自分の言葉で書いた編集後記などがある。
レベル2	段落を3つか4つに分けて見やすくする工夫やイラスト・写真を入れたりしているが、記事の文章が多くて、読者の立場に立ったレイアウトの工夫が少ない。	見たこと・聞いたことを記事にして書くだけでなく、思ったこと・不思議なこと・ユニークなことなども記事にして書いている。	本や資料に書いていることやインタビューしたことをまとめて記事にしただけでなく、自分の考えや意見、自分の言葉で書いた編集後記などがある。
レベル1	記事の文章が多くて、読者の立場に立ったレイアウトの工夫が少ない。	見たこと・聞いたことを記事にして書いている。	本や資料に書いていることを短くまとめて記事にしている。

※ この自己評価ルーブリックで、自分の新聞をしっかりと見直して書き直そう！
友だちと相互評価をしてアドバイスをもらい、自分の新聞の書き直しに生かそう！
新聞の作成が終わるころには、レベル3が増えているように努力しよう！

中学校の実践事例①
国語科

☑ 多様な言語活動をルーブリックで評価しよう

　中学校国語科では、小学校と同様にすでに教科書にたくさんの活用単元が掲載されています。たとえば、物語文や意見文、説明文、絵画鑑賞文の創作、討論会やインタビューの実施、調査結果のプレゼンテーションなどです。

　しかし残念なことに、こうしたアクティブ・ラーニングに好適な活用単元が十分に扱われないままになっていないでしょうか。もちろん、すべてを完璧にしようとすると時間数が足りなくなるという問題も出てきます。

　ただし、もしこうした創作表現やコミュニケーション活動、発表活動についての評価方法がわからないという理由で、活用単元の本格実施をためらっているようでしたら、ぜひルーブリック評価を試してみてください。1から作るのは大変ですが、ここで例示したルーブリックを少し改良するだけですぐに取り組むことができるのです。

☑ 生徒が書いた意見文を教師が評価するルーブリック

　まず紹介するのは、生徒が書いた意見文を教師が評価するルーブリックです（資料5－9）。点数をうまく換算して、評価結果を、「思考・判断・表現」の観点で評定に組み入れてみましょう。

　ここでは、評価の観点として、「意見の構成」「段落の構成」「表現技法」

「文体と文法」という４つを設定しています。これらは、中学校国語科において意見文の創作力を構成する４つの資質・能力になっています。

さらに、意見文を評価するときに重要な留意点は、①生徒の意見は教師の意見との違いにかかわらず尊重すること、②表現スキルだけでなく生徒の意見の中に表れる個性やその子らしさを肯定的に評価すること、③独自資料を調べてきたり、自主的な調査データの収集まで行ったりした生徒には、「学びに向かう力・人間性等」の観点で評価すること、という３点になります。

とくに**学力面や行動面で課題のある生徒が、ユニークな意見を書いたり最低限の条件を守って意見文を書き上げたりしたときには、点数に表れないところで、教師やほかの生徒たちが最大限の賞賛をする**ように心がけてください。そうした生徒の学習意欲と授業参加度が、必ず向上することに教師は感動をおぼえることでしょう。

☑ 生徒同士でインタビューを相互評価するルーブリック

中学校国語科には、音声コミュニケーションや音声表現による言語活動を行う単元も少なくありません。これまでの評価では、こうした生徒のパフォーマンスを伴う活動を直接評価することなく、定期考査のペーパーテストを通して、音声言語によるコミュニケーションと表現のルールや技法についての知識を問うことで代替していました。

ただし、本格的なスピーチやプレゼンテーションのパフォーマンス評価をしようとすると、評価だけで授業時間を１時間とってしまうことになりますので、実施は容易ではないでしょう。

そこでここでは、生徒同士で行う相互評価によるパフォーマンス評価で活用できるルーブリックを紹介しましょう（資料５－10）。３人のグループを作って、１人がインタビューする人、２人めがインタビューされる人、そして３人めが評価する人になって行ってみてください。

資料5-9　中学校国語科の意見文を評価するためのルーブリック

	評価の観点	意見の構成	段落の構成	表現技法	文体と文法
	評価規準	テーマに関する自分の意見を引用や資料に基づいて明確に決定し、自分の立場や評価結果をわかりやすく個性的に記述している。	大きくは序論・本論・結論という構成の中に、意見の提示、根拠の提示、資料やデータの引用、反論への対応など4つの工夫点が明確である。	論理的な表現にするための技法として、事実と意見の区別、接続詞の使い方、断定的表現、効果的な引用、など4つの必要な文型を活用している。	常体と敬体の統一をするとともに、誤字脱字のない推敲された文章になっている。また、主語と述語が正対しており、意味のねじれがない。
判断基準	レベル3	自分の意見が根拠を付けて明確に述べられるとともに、個性的でわかりやすい記述である。	4つの内容構成上の工夫点のうち、3つ以上の技法を表現力豊かに活用している。	4つの表現技法上の工夫点のうち、3つ以上の技法を表現力豊かに活用している。	正しい日本語を使うことができており、誤字や脱字もほとんどなく、きれいに清書できている。
	レベル2	個性的な意見が明確に述べられているが、引用や根拠の提示がやや不明確で、論理性が十分でない。	4つの内容構成上の工夫点のうち、3つ以上の技法を活用しているが、活用する回数が少ない。	4つの表現技法上の工夫点のうち、3つ以上の技法を活用しているが、活用する回数が少ない。	いくつか文法上の間違いはあるが、ほぼ正確に書けており、丁寧に清書しようとする態度が見られる。
	レベル1	自分の意見が述べられているが、判断の根拠や論理性が不十分である。	4つの内容構成上の技法のうち、1つまたは2つの技法だけを活用している。	4つの表現技法上の技法のうち、1つまたは2つの技法だけを活用している。	文法上の間違いが多く、きれいに清書できていないが、努力している。

※　レベル1を1点、レベル2を2点、レベル3を3点として採点し、最高点を12点、最低点を4点とする。

資料 5-10　中学校国語科のインタビューを相互評価するためのルーブリック

	評価の観点	内容構成	言語の活用	非言語活動	礼儀・マナー
	評価規準	相手の特徴を聞き出す効果的な質問がなされていて、応答に関連づけられた追加質問や掘り下げ質問がタイミングよくできている。	聞き出す技法として、話題の出し方、目的やめあての提示、共感の仕方、あいづち、具体例や経験談の提示、など5つの工夫点が効果的である。	非言語コミュニケーションの技法として、アイコンタクト、うなずき、表情、手振り・身振り、など4つの工夫点が効果的である。	インタビューで必要な礼儀・マナーとして、あいさつ、丁寧語の使用、お礼の言葉、正しい姿勢、時間厳守、などの5つの項目を守って実施できている。
判断基準	レベル3	相手の特徴をとらえた効果的な質問と応答がくり返されていて、内容的に深まりがある。	5つの言語活用上の工夫点のうち、3つ以上の技法を表現力豊かに活用している。	4つの非言語活動上の工夫点のうち、3つ以上の技法を表現力豊かに活用している。	5つの礼儀・マナー上の工夫点のうち、4つ以上の技法を表現力豊かに活用している。
判断基準	レベル2	相手の特徴をとらえた質問がされているが、質問と応答の深まりがなく、聞いて答えるだけになっている。	5つの言語活用上の工夫点のうち、3つ以上の技法を活用しているが、活用する回数が少ない。	4つの非言語活動上の工夫点のうち、3つの技法を活用しているが、活用する回数が少ない。	5つの礼儀・マナー上の工夫点のうち、3つの技法を活用しているが、活用する回数が少ない。
判断基準	レベル1	事前の下調べが十分ではなく、相手の特徴をしっかりと聞き出していない。	5つの言語活用上の工夫点のうち、1つまたは2つの技法だけを活用している。	4つの非言語活動上の工夫点のうち、1つまたは2つの技法だけを活用している。	5つの礼儀・マナー上の工夫点のうち、1つまたは2つの技法だけを活用している。

※　レベル1を1点、レベル2を2点、レベル3を3点として採点し、最高点を12点、最低点を4点とする。

中学校の実践事例②
数学科

☑ 活用問題を出題した定期考査をルーブリックで採点する

　中学校数学科では、これまで学習成果の評価といえば、そのほとんどの重点は定期考査でのペーパーテストの結果でした。そのほかには、わずかですが、「関心・意欲・態度」の評価の観点で、宿題や自主学習ノートの提出状況を考慮していたことでしょう。

　定期考査のペーパーテストでは、活用問題が出題されることはほとんどありませんでした。しかし最近になって、全国学力・学習状況調査も開始から10年を迎え、学校のペーパーテストでも少しずつですが同調査の数学科のB問題に類似した活用問題が出されるようになっています。

　そこで解答形式が、選択肢法や数値記入法だけでなく、多くのB問題が求めているように、文章と式を組み合わせて答えるようになっている場合には、ルーブリックが必要になります。その具体的な方法については、第6章で詳しく解説しますので参考にしてください。

☑ 活用問題の解決レポートをルーブリックで採点する

　B問題に類似した活用問題が、数学科の教科書にますます掲載される状況になると、**活用問題を学期に１問ずつでも授業で扱い、その解決方法を数学レポートとして提出させることが求められる**ようになります。

　なぜなら、新学習指導要領では、数学的な知識の習得と基本的な計算技能の習熟だけでなく、基礎的・基本的な知識・技能を活用して活用問

題を解決するとともに、そのプロセスと結果をわかりやすく論理的に説明する能力を育てることが必須となるからです。そのために、宿題にすることも含めて、**数学レポートを書かせて、その成果をルーブリックで採点して評定に組み入れていく**ことが大切になるのです。

　資料5－11（p.124）は、数学レポートを教師が採点するためのルーブリックです。ここでは、評価の観点として、「論理構成」「習得した知識の活用」「論証言葉の活用」という3つが設定されています。これを参考にして、各学校で改良しながらご利用ください。

　第4章の資料4－3（p.86）に、生徒が書いた数学レポートの実例をあげておきましたので、これを評価対象にして資料5－11のルーブリックを用いて採点のシミュレーションをしてみてください。

　その際に、複数の教員で採点結果にどのような一致点と相違点（ズレ）があるかを確認し、ルーブリックの改善やレベル差を判断するときに必要となる採点内規を作成するワークショップをすることをおすすめします。それが、教師の評価力の向上につながるからです。

☑ 生徒同士の相互評価で活用するルーブリック

　資料5－11は、生徒が書いた数学レポートを教師が評定に組み入れるために使う採点用のルーブリックでした。それとほぼ同じものを、生徒同士の相互評価で活用するルーブリックにすることができます。

　もちろん生徒が使うわけですから、もう少し表現をやさしくしてわかりやすくする配慮や、たとえば、論証言葉の具体例を一覧表にして配付するなどの工夫が必要になるでしょう。授業においては、4人のグループを作って、宿題で書いてきた数学レポートを相互評価させてみましょう。生徒たちの学習意欲や集中力が高まるとともに、評価を受けてよりいっそう数学科の教科学力が向上していくことになります。

　資料5－12には、発表スピーチを生徒同士が相互評価するためのルーブリックを紹介していますので、こちらも活用してみてください。

> 資料5-11　中学校数学科のレポートを評価するためのルーブリック

評価の観点 評価のレベル	論理構成	習得した知識の活用	論証言葉の活用
レベル3	三段階思考法を用いて、筋道のはっきりしたわかりやすい丁寧な記述ができている。	授業で習得した数学的な知識や用語を、5つ以上活用して、説得力のある記述をしている。	論証言葉として、仮定法、条件設定法、接続詞の活用、焦点化と数値の引用、などが活用できている。
レベル2	三段階思考法を用いているが、数学的な思考プロセスにやや飛躍があり、丁寧な論理展開ができていない。	授業で習得した数学的な知識や用語を、3つ以上活用して、説得力のある記述をしている。	論証言葉の活用が、2つまたは3つの種類に限定されている。
レベル1	全体の論理構成があいまいで、筋道の通ったわかりやすい説明ができていない。	授業で習得した数学的な知識や用語を、1つまたは2つ使えている。	論証言葉がほとんど使われていないため、論理的な説明力が不十分である。

※　レベル1を1点、レベル2を2点、レベル3を3点として採点し、最高点を9点、最低点を3点とする。

資料 5-12　中学校数学科の発表スピーチを相互評価するためのルーブリック

評価のレベル ＼ 評価の観点	発表内容の構成	論証言葉の活用	既習事項の活用
レベル3	まず・次に・最後にということばを使って3段階でわかりやすく説明したり、既習事項・解決プロセス・まとめに分けて発表したりしている。	授業で習得した数学科で使う5つの論証言葉を全部使っていて、わかりやすく納得できる発表ができている。	授業で習得した公式や用語の活用の仕方を説明に組み入れていて、さらに、思考や説明のモデルを使っているので発表がわかりやすい。
レベル2	大きく3段階でわかりやすく説明できているが、既習事項・解決プロセス・まとめに分けて発表していないのでわかりにくい。	授業で習得した数学科で使う論証言葉を3つか4つ使っていて、わかりやすく納得できる発表ができている。	授業で習得した公式や用語の活用の仕方を説明に組み入れているが、思考や説明のモデルをあまり使っていないのでわかりにくい。
レベル1	発表内容の構成があいまいで、答えは出ているがどうやって既習事項を使って問題を解いたのかわかりにくい。	授業で習得した数学科で使う論証言葉を使っていないので、筋道がはっきりしたわかりやすい発表ができていない。	問題を解くときに考えた式や答えをしっかりと発表しているが、その理由や考え方のよさと正しさなどを発表してない。

※　友だちの発表を聞いて、評価しよう。
　　評価の観点にそって、具体的なアドバイスや改善の方法を教え合おう。
　　前回の発表より上達していたら、賞賛しよう。
※　5つの論証言葉とは、
　　①しかしこのままでは比較できないため、
　　②グラフのここに注目してください。
　　③その根拠は、～～です。
　　④ここで使える公式は、～ですよね。
　　⑤ここまでいいですか？
※　思考や説明のモデルとは、
　　①もし、～～だと仮定するとこれは矛盾していることがわかります。
　　②4つの中でこれは条件に合致しないため、消去します。
　　③これを公式にあてはめて考えると、この体積は、～～になります。
　　④これら2つのことを合わせて考えると、～～であることがわかります。
　　⑤○○さんの考え方がまちがっているところは、～～です。

中学校の実践事例③
理科

☑ 仮説検証力を育てる理科レポートの作成

　中学校理科も、学習内容が多く講義や教師による演示実験が多くなりがちな教科です。幸いにして生徒による実験ができた授業においても、50分という限られた時間の中で、課題解決的な学習を成立させることは並大抵のことではありません。

　そこで、生徒には大きな努力を課すことになりますが、宿題として理科実験レポートや植物観察スケッチなどを書かせて、それをルーブリックで作品評価の対象にし、評定に組み入れることを提案します。

　新学習指導要領では、各教科で身につけさせたい資質・能力が明記されます。そうなると、理科において筆頭にあげられる力は、仮説検証力になることは間違いありません。仮説検証力を育てるためには、なんといっても実験レポートや観察レポートを書かせて、**仮説検証の手順を意識させるとともに、仮説の立て方、実験装置の組み立て方、データの整理の仕方、考察の仕方、そしてまとめと課題の書き方についてモデルに沿って学ばせる**のが効果的です。

　そうしなければ、やりっ放しの実験や先生の仮説と考察をそのままなぞる実験、友だちに任せっぱなしの実験になってしまうのです。それでは、いつまでたっても生徒の仮説検証力は育ちません。

　完成した理科レポートは、理科室の壁に掲示するとともに、優秀作品は各教室や廊下に貼り出すなどして、生徒同士の学び合いを活性化しましょう。

☑ 実験レポートをルーブリックで評価しよう

　資料5－13は、理科の実験レポートを教師が作品評価するためのルーブリックです。評価の観点は、「論理構成」「習得した知識の活用」「データの整理と活用」「文体」の4つです。
　この中で、「モデル」という用語が使われていますが、それは、理科レポートを書くときのルールや模範例のことです。

【理科レポートを書くときのモデル】
　①構　成　　問題意識→目的と方法→仮説の構成→結果→考察と課題
　②接続詞　　「しかしながら」「以上のように」「このようにして」など
　③引　用　　データをグラフや表などに表す、データを引用する、など
　④分　量　　全体でＢ４判横置き用紙に１枚で書く
　⑤資　料　　グラフ、写真、実験装置の図、化学式、などを組み込む
　⑥展　開　　反論への対応、弱点の自覚、検証の根拠、などを書く

　こうした「モデル」（書き方のポイント）を具体的に教えて、生徒がレポート作成に活用できるようにしましょう。
　もちろん、授業内でレポートを書くことは時間的に余裕がありませんから、授業では「モデル」を教えたり、作品の参考例を示したりすることにとどめて、宿題とするかまたは教科横断的なカリキュラム編成により総合的な学習の時間に書かせることもできます。

☑ 採点結果は、学期ごとの評定に組み入れよう

　そして、採点結果を学期ごとの評定に組み入れましょう。また、数学科と同様に、複数の教員で採点結果にどのような一致点と相違点があるかを確認し、ルーブリックの改善やレベル差を判断するときに必要となる採点内規を作成するワークショップを行うことをおすすめします。
　なお、資料5－14は、プレゼンテーションを相互評価するためのルーブリックです。こちらもご活用ください。

資料5-13　中学校理科のレポートを評価するためのルーブリック

評価の レベル	評価の観点 論理構成	習得した 知識の活用	データの 整理と活用	モデル図や 式等の活用
レベル3	レポート全体を通して、「モデル」を活用するとともに論理的で読みやすい文章になっている。	授業で習得した知識や用語を、自分の意見を述べるために4つ以上活用している。	根拠としてのデータや資料を整理・引用して自分の科学的考察を説得的に展開している。	文章だけでなく、理由や根拠を示すためにモデル図や式、写真等を活用して、説得力を高めている。
レベル2	レポートの「モデル」を文章全体にわたって使えている。	授業で習得した知識や用語を3つ以上使えている。	データや資料を受けて自分の科学的考察を書くことができている。	レポートにモデル図や式、写真などを組み入れて説明しているが、結論や考察の理由や根拠が十分に述べられていない。
レベル1	レポートの「モデル」を1回は使えている。	授業で習得した知識や用語を1つまたは2つ使えている。	データや資料のみを書いていて、考察が不十分である。	レポートにモデル図や式、写真などが十分に組み入れられていない。

※　レベル1を1点、レベル2を2点、レベル3を3点として採点し、最高点を12点、最低点を4点とする。

資料 5-14　中学校理科のプレゼンテーションを相互評価するためのルーブリック

評価の観点　　評価のレベル	内容	表現技法の活用	チームワーク
レベル3	調査や実験の成果と課題が深い考察や意義づけとともに発表されている。全体構成もしっかりとしており、反論に対する配慮もある。	表現技法の活用に優れているだけでなく、聞き手とのコミュニケーションがとれており、相互啓発の空間が構成されている。	内容構成、資料作成、発表の各場面でチームワークがよく発揮されている。メンバーの個性が見える発表である。
レベル2	グループで調査したり実験したりしたことが、構成よく整理されて伝えられている。	資料作成、役割分担、明瞭な発声、主張点の明確化、時間管理などの点で優れている。	内容構成、資料作成、発表の各場面でチームワークがよく発揮されている。
レベル1	発表内容に深い考察や意義づけがなされていないために、表面的な紹介に終わっている。	調査や実験の計画と評価の記述に明瞭さや根拠が十分に見られない。	内容構成、資料作成、発表の各場面でチームワークが十分に発揮されていない。

※　各班の発表を聞いて、相互評価しよう。
　　評価の観点にそって、具体的なアドバイスや改善の方法を教え合おう。
　　前回の発表より上達していたら、賞賛しよう。

中学校の実践事例④
社会科

☑ 課題解決をする社会科にするためのレポート作成

　小学校の社会科と同じように、いやそれ以上に、中学校の社会科は暗記教科であるというイメージが強いものです。したがって、そうしたイメージを払拭し、「考える社会科」や「課題解決をする社会科」にするために、新学習指導要領では身につけさせたい資質・能力の1つとして、レポート作成力があげられています。

　すでに、現在使われている教科書でも巻末には必ず、社会科レポートの書き方のモデルが掲載されています。具体的には、地域調べの活動を行いその成果を論文形式で社会科レポートにまとめて発表したり、討論したりすることになっています。

　実際にはなかなか、レポート作成に授業時間を充てることは難しいため、清書と完成は宿題になるでしょう。しかし、しっかりとルーブリックを用いて評定に入れることを生徒にあらかじめ提示し、**ルーブリックを定期考査前に公表することで、それを励みとして生徒たちがレポート完成に意欲的になることを習慣化**したいのです。

☑ レポートの作品評価を軸とした「評価マネジメント」の実施を！

　1年間に1本の社会科レポートを書かせるだけでも、3年間では3本のレポートを書くことにつながり、さらに数学や理科、総合的な学習の時間のレポートも含めて考えると、かなり多くの本数の科学的なレポー

トを書くことになりますから、**生徒の文章表現力や論理的説明力、論理的思考力を育てることができる**のです。

　ぜひ、一人の教師の奮闘に終わらせるのではなく、学校単位でレポート作成ポリシーを策定し、全教員で一貫して負担を最小限にしながら効果的に推進する方法を探ってみてください。それが、これからますます求められる学校レベルでの「評価マネジメント」なのです。

☑ 社会科レポートの評価をするルーブリック

　資料5－15は、社会科の調査レポートを教師が評価するためのルーブリックです。評価の観点は、「論理構成」「習得した知識の活用」「事実と意見の区別」「文体」の4つです。

　この中で、「モデル」という用語が使われていますが、それは、これまで解説してきた数学科や理科と同様に、社会科レポートを書くときのルールや模範例のことです。たとえば、次のようなものがあります。

【社会科レポートを書くときのモデル】
　①構　成　問題意識→目的と方法→仮説の構成→結果→考察と課題
　②接続詞　「しかしながら」「以上のように」「このようにして」など
　③引　用　資料からの引用、データをグラフや表などに表す、など
　④分　量　各節に300字程度で書く
　⑤資　料　グラフ、写真、年表、地図、などを組み込む
　⑥展　開　反論への対応、序数詞の活用、弱点の自覚、などを書く

　こうした「モデル」（書き方のポイント）を具体的に教えて、生徒がレポート作成に活用するようにしましょう。

　社会科では、ときに、教科横断的なカリキュラム編成により総合的な学習の時間との連携を通して、地域研究を共通テーマにゆとりのある時間配分で授業に臨むことができますので工夫してみてください。

　資料5－16は、地域研究において、中間評価の場面で自己評価を行うためのルーブリックです。こちらもご活用ください。

資料5-15　中学校社会科の調査レポートを評価するためのルーブリック

評価の レベル	評価の観点 論理構成	習得した 知識の活用	事実と意見の 区別	文体
レベル4	レポート全体を通して、「モデル」を活用するとともに論理的で読みやすい文章になっている。	授業で習得した知識や用語を、自分の意見を述べるために4つ以上活用している。	根拠としての事実や資料を引用して自分の意見を説得的に展開している。	用語の使い方や意味に誤りがなく、常体・敬体の区別と段落構成ができている。
レベル3	レポートの「モデル」を文章全体にわたって使えている。	授業で習得した知識や用語を3つ以上使えている。	事実を受けて自分の意見を書くことができている。	用語の使い方や意味に誤りがなく、常体・敬体の区別ができている。
レベル2	レポートの「モデル」を1回は使えている。	授業で習得した知識や用語を1つまたは2つ使えている。	事実のみを書いている。	常体・敬体の区別や段落構成があいまいである。
レベル1	レポートの「モデル」を使用していない。	授業で習得した知識や用語を全く使用できていない。	事実や根拠を全く述べておらず、主観的な意見に終始している。	用語の使い方や意味が適切でない。

※　レベル1を1点、レベル2を2点、レベル3を3点、レベル4を4点として採点し、最高点を16点、最低点を4点とする。

資料5-16 中学校社会科の地域研究において、中間評価の場面で自己評価を行うためのルーブリック

評価のレベル \ 評価の観点	目標と課題の設定	計画づくり	活動の充実度	内容の深まり	チームワーク
レベル3	地域研究を通して身につけたい資質・能力を複数にわたり明確に決めることができた。また、学習課題についても高度なことに挑戦し、具体的にグループで決めることができた。	地域研究の計画段階に含まれる多くの活動に積極的に集中して取り組むことができた。グループで設定した研究課題が地域社会の深い理解につながることを十分に検討した。	地域研究に含まれる多くの活動に積極的に集中して取り組むことができた。グループの提案で意義ある研究課題を達成しつつあり、大きな充実感を感じている。	この単元で学んだ基礎的な知識や情報を活用して、自分たちの地域の特色を明らかにし、さらに観点を明確にして他地域との比較も行おうとしている。	地域研究のどの段階でもしっかりと意見を出し合って協力して進めることができ、メンバー全員の個性や持ち味が生かせて達成感が高まった。
レベル2	地域研究を通して身につけたい資質・能力を明確に決めることができた。また、学習課題も具体的にグループで決めることができた。	時間や難易度、役割分担、調査方法の決定など、計画段階で必要な作業に集中して取り組むことができた。	資料収集、体験活動、広報活動などに集中して取り組むことができて、充実感を感じている。	この単元で学んだ基礎的な知識や情報を活用して、自分たちの地域の特色を明らかにしている。	地域研究の企画・実践のどの段階でも、メンバー全員で協力して進めることができた。
レベル1	学習課題を事前に具体的にしっかりと決めきれなかったために、目的や意義があいまいなままであった。	計画段階で必要な活動のいくつかでは、全員で集中して取り組むことができないことがあった。	プロジェクトに含まれる活動のいくつかでは全員で集中して取り組むことができないことがあった。	自分たちの地域の特色を明らかにするときに、資料やインタビューの内容をそのまま要約している。	ときどきメンバー間の意見の食い違いが解消できず、協力関係が弱くなるときがあった。

※ レベル1を1点、レベル2を2点、レベル3を3点として採点し、最高点を15点、最低点を5点とする。

中学校の実践事例⑤
外国語科（英語科）

☑ 2019年から４技能学力調査が始まる！

　全国学力・学習状況調査も開始から10年を迎えて、今後様々な改良が求められています。そのポイントの1つが、「主体的・対話的で深い学び」の各学校での実施状況を調査することと、さらに、**2019年度を目処として外国語科（英語科）の教科学力調査を実施する**ことです。後者については、すでに試験的調査問題や評価者用トレーニングDVDの試作版も作成されるなど、動きが急になっています。

　全国学力・学習状況調査における中学校外国語科（英語科）の教科学力調査は、あくまでも英語科で育成すべき４技能（読む・書く・話す・聞く）をしっかりと調査することですから、とくにスピーキング調査のあり方が今後の中学校の外国語教育のあり方に強い影響を与えることはいうまでもありません。

　したがって、ふだんの授業でもルーブリックを用いたパフォーマンス評価を学期に一度くらいは定期的に行っておくことが必要になるでしょう。

　そうした日常的なパフォーマンス評価によって、生徒にとってはスピーキング調査への慣れが形成されるとともに、本来的なスピーキング能力がいっそう育つようになるでしょう。

☑ スピーチ表現のパフォーマンス評価に活用するルーブリック

　教科別ルーブリック評価の事例紹介の最後に、中学校外国語科（英語

科）におけるスピーチ表現のパフォーマンス評価を行うときに活用できるルーブリックを紹介しましょう（資料5−17）。

　ここでも簡略化して評価規準を記入していませんが、英語科の特性を生かして、「技能の活用」というポイントを入れていることや、「発音」も評価対象としていることが特徴です。具体的には、このルーブリックは自己紹介スピーチや学校紹介スピーチで使うことを想定しています。なお、「発音」の観点では、単語やフレーズを特定して評価してもよいでしょう。

☑ よりよいルーブリックへの改良・改善を

　英語科のルーブリックも、採点の仕方や評定への算入公式の作り方は、国語科のものと同様ですので各学校で工夫してみてください。

　実際に採点を始めてみると、どのレベルにあてはまるのかわかりにくかったり、「説得力」「個性的」「十分に」といった判断基準の文章中にある用語そのものが明瞭でなかったり、あるいは、ルーブリックで想定していた項目以外の要素が多すぎて評価対象が偏ってしまったりすることがあるでしょう。

　そのような場合には、**ルーブリックの修正が必要**となります。たとえば、**具体的な文章を追加して表記したり、ルーブリックの下や別表に備考を設けて判断した事例や根拠を書きとめておいたり、あるいは評価の観点を増やしてみる**ことが考えられます。

　完璧なものは作れませんから、少しでもよいものを作って活用するという意識で、無理なく進めてください。

　資料5−18は、日本文化の紹介文を相互評価するためのルーブリックです。こちらも参考にしてみてください。

資料5-17 中学校英語科のスピーチ表現を評価するためのルーブリック

評価のレベル \ 評価の観点	論理構成	習得した知識・技能の活用	メッセージ性	発音
レベル3	スピーチの構成の「モデル」がしっかりと使えていて、説得力がある。	この単元で新たに習得した単語、フレーズ、慣用表現が5つ以上使えている。	自分の特技、趣味、夢が語られていて、個性的なメッセージを含んでいる。	単語の発音、イントネーション、強調表現がほぼ正確である。
レベル2	スピーチの構成の「モデル」があいまいなために、わかりにくい部分がある。	この単元で新たに習得した単語、フレーズ、慣用表現が3つから4つ使えている。	自分の特技、趣味、夢が語られているが、一般的な内容がほとんどである。	単語の発音、イントネーション、強調表現にやや不正確なものがある。
レベル1	スピーチの構成の「モデル」が十分に使えていないため、わかりにくい。	この単元で新たに習得した単語、フレーズ、慣用表現などをほとんど使えていない。	自己紹介の内容が限られていて、個性的な内容が含まれていない。	単語の発音、イントネーション、強調表現に不正確なものが多い。

※ レベル1を1点、レベル2を2点、レベル3として採点し、最高点を12点、最低点を4点とする。

資料 5-18 中学校英語科で日本文化の紹介文を相互評価するためのルーブリック

評価の レベル＼評価の観点	内容構成	新出英語の活用	個性的な紹介	正確さ
レベル3	話題の提供、日本文化の紹介、海外の文化との比較、誘いかけ、結語という流れで、構成の明確な英文になっている。	この単元で新たに学んだ単語や熟語、文法と既習事項を組み合わせて活用して、わかりやすい文章が書けている。	例文やガイドブックにはない、自分の体験やものの見方に基づく個性的な紹介の仕方を工夫している。	スペリングや時制、単数・複数、三単現の変化などの点から正しい英文が書けている。
レベル2	話題の提供、日本文化の紹介、海外の文化との比較、誘いかけ、結語という流れの基本は守れている。	この単元で新たに学んだ単語や熟語、文法を活用してわかりやすい文章が書けている。	例文やガイドブックの表現を書き換えながら、個性的な紹介の仕方を工夫している。	スペリングや時制、単数・複数、三単現の変化などの点から、5箇所程度の間違いがある。
レベル1	話題の提供、日本文化の紹介、海外の文化との比較、誘いかけ、結語という流れが明確になっていない。	この単元で新たに学んだ単語や熟語、文法を十分に活用していない。	例文やガイドブックの表現をそのまま使って、日本文化について英語で説明できた。	スペリングや時制、単数・複数、三単現の変化などの点から、多くの間違いがある。

※ レベル1を1点、レベル2を2点、レベル3として採点し、最高点を12点、最低点を4点とする。

第6章

単元テスト・定期考査の改善と学力調査の活用はどうする？

アクティブ・ラーニングを学力向上にどうつなげるか？

☑ アクティブ・ラーニングを学力向上につなげる

　第5章までに、アクティブ・ラーニング（「主体的・対話的で深い学び」）に取り入れることができる多様な評価方法を紹介してきました。大切なことは、**ねらいや特徴の異なる評価方法をいくつか組み合わせて、子どもたちの主体性や対話力、そして協働性を高める**ことです。

　さらに、この章では、アクティブ・ラーニングを学力向上につなげる視点として、①定期考査（小学校では単元テスト）に活用問題を組み込むことによるテストの改善、②活用問題を組み込んだ学力調査の実施という2点を加えて、より幅広い視野から評価方法のレパートリーを構成したいと思います。

　なぜなら、新学習指導要領では、すでに第1章で解説したように、子どもたちに多様な資質・能力を育てるとともに、教科内容の定着・習熟もねらいとしているため、教科学力の向上をねらいとすることができるからなのです。

　逆にいえば、教科学習において子どもたちの思考力・判断力・表現力を育てることが新学習指導要領の1つのねらいなのですから、とくに全国学力・学習状況調査のB問題に代表される、いわゆる活用問題を評価問題にした定期考査や学力調査を行うことが大切になるのです。

☑ 活用問題の設定を通した定期考査と単元テストの改善

　新学習指導要領に基づく授業では、積極的に活用問題を取り扱うことになります。

　活用問題とは、簡単に定義するならば、資料提示型記述式文章題といえるでしょう。全国学力・学習状況調査のB問題やOECDのPISA調査の読解力問題などがその代表であり、最近では教科書にも単元末や巻末にいくつか掲載されるようになってきました。

　活用問題は、アクティブ・ラーニングによって解くほうが、子どもたちの学力がアップします。なぜなら、活用問題は自力で解けるところまで解いてみた上で、グループやクラスの友だちとの対話を通して、既有知識を活用しながら解法について深く理解すると、よりよく解けるようになるからです（詳細な実践事例は、拙著『アクティブ・ラーニング実践の手引き』を参照）。

　このように、活用問題を協働的に解決する授業を行ったら、当然そこで身につけた資質・能力として、思考力・判断力・表現力を評価する必要があります。そこで、小学校では単元テストに、中学校では定期考査に活用問題を組み入れるようにしましょう。

☑ 学力調査の活用

　さらに、活用問題を含んだ民間の学力調査を実施し、その結果を保護者や子どもに提供したり、調査実施後にそこで出題された活用問題を授業化して解法を子どもたちに発見させたりして、活用問題の解決力と思考力・判断力・表現力を伸ばすことが大切です。

単元テストの改善が小学校教育を変える！

☑ 単元テストに活用問題を取り入れる

　小学校でアクティブ・ラーニングを行い、学力向上を図るためには、単元テストのあり方も改善する必要があります。

　小学校では、これまで単元テスト（単元末評価）といえば、教科書の基礎問題に類似した問題や教科書の章末問題あるいは確認問題といった、基礎的・基本的な問題を出すことがほとんどでした。

　教師の自作問題を出すときもあれば、教材会社から提供されている市販のテスト問題を使うこともあると思いますが、あくまでも、基礎的・基本的な知識・技能の定着の状況を見ることが目的であるといえます。その結果をふまえて、絶対評価として、「大変優れている　A」「おおむね満足できる　B」「努力を要する　C」といった3段階評価を行い、そこから評定につなげていくというのが現状の小学校の評価のあり方です。

　しかし、新学習指導要領には、「育成を目指す資質・能力」が教育目標として記載されるようになったわけですから、単に基礎的・基本的な知識・技能を測るテストだけでは不十分です。第4章で紹介した、ルーブリックを用いた作品評価やパフォーマンス評価をすることに加えて、**ペーパーテスト法を用いた単元テスト（単元末評価）において、思考力・判断力・表現力を測る活用問題を出題する**ことが大切になるのです。

☑ 意識の高まりとテスト観の転換

　たとえば、国語科では、問題文を読んで一部を引用しながら複数の条件に沿って自分の考えを50字程度で書く短作文問題や、学級討論会などの話し合いの場面で場面に即した対話例を書く問題などが典型的な活用問題です。

　算数科では、複数の資料を比較検討しながらある言説の正しさや誤りを論理的に説明する文章を書いたり、問題文に含まれる解法を活用して新しい場面に適応し解を求めたりする問題が活用問題になります。

　具体的な問題例は、インターネットで、「全国学力・学習状況調査の調査問題」と検索すれば、国立教育政策研究所の該当ページで、すべての過去問と正答例などを見ることができます。

　活用問題を自作することが難しいようであれば、最近では市販の単元テストの問題にも、資料提示型記述式文章題などを含めたものがありますので調べてみてください。

　また、学校の方針として単元テストに活用問題を出題することを保護者に説明した上で、そのことを学校の評価ポリシーとして明確にすることで、子どもたちにも保護者にも、活用問題の大切さやそれを解くことで身につく思考力・判断力・表現力の重要性を意識してもらうことができるのです。**単元テストの改善は、指導要録が変わるから行うのではなく、子どもたちが21世紀社会を生き抜く上で必要な力を育てるために行うものであること**を理解してください。

☑ 採点ルーブリックの作成と活用

　活用問題を導入する際に重要なのは、活用問題で求める文章表記の採点には、本来的にルーブリックを用いることが不可欠なことです。

　資料6-1、6-2に単元テストに活用問題を入れたときに利用できるルーブリックの例をあげておきましたので、参考にしてください。

資料6-1　小学校算数科の活用問題採点のためのルーブリック

採点のレベル \ 採点の観点	知識・技能の活用	条件の充足	論理的な記述
3点	既習の知識と計算技能を活用して問題解決をしていることが、思考プロセスの記述から十分読み取れる。	文章と式や図を組み合わせて、わかりやすく問題解決したプロセスと結果を記述できている。	三段階思考や論証言葉を用いて、論理的に問題解決のプロセスと結果を記述できている。
2点	既習の知識と計算技能を活用して問題解決をしているが、そのことを十分に記述できていない。	問題を解決できているが、文章と式や図を組み合わせたわかりやすい記述ができていない。	三段階思考で問題解決のプロセスと結果を記述できているが、論証言葉が使えていない。
1点	既習の知識と計算技能を活用して問題解決をしていないので、問題が解決できていない。	文章と式や図を組み合わせて記述できていないため、問題が解決できていない。	文章記述にあいまいなところが多く、論理的な思考を明快に記述できていない。

※　採点結果を、思考・判断・表現の評価の観点の得点に部分点として組み入れる。

資料6-2 小学校国語科の意見文で用いる活用問題採点のためのルーブリック

採点の レベル \ 採点の観点	知識・技能の活用	条件1の充足	条件2の充足
3点	意見文の書き方の学習モデルをしっかりと活用して、科学的な事実と根拠が明確な文章になっている。	字数や文頭で使うキーワード、接続詞の使い方に関する条件をしっかりと守って書いている。	問題文から引用した箇所の内容と、自分の主張点の内容が明確に関連づけられて論旨が明快である。
2点	意見文の書き方の学習モデルに沿って書かれているが、理由づけや根拠に曖昧性がある	字数やキーワードの使い方の条件は守れているが、接続詞の使い方があいまいである。	引用文と自分の主張点が明確に関連づけられていないが、論旨は明快である。
1点	意見文の書き方の学習モデルをしっかりと活用できておらず、理由づけや根拠にあいまい性がある。	条件1のカテゴリーに入る要素が十分守られていないために、主張点が不明確である。	引用文と自分の主張点との関連性が不明確であり、意見文の中の論旨が明快になっていない。

※ 採点結果を、思考・判断・表現の評価の観点の得点に部分点として組み入れる。

定期考査の改善が中学校教育を変える!

☑ 定期考査に活用問題を取り入れる

　今後は、中学校においても、小学校と同様にテストに活用問題を入れることが必須になってきます。中学校では、評価の大部分を定期考査が占めることになりますから、中間テストや期末テストに各教科で必ず1問は活用問題を入れることが大切です。

　実技系の教科については、通常の授業の中でパフォーマンス評価を頻繁に行うようになるわけですから、定期考査の改善はあまり大きな課題にはならないでしょう。

　中学校の先生方におすすめしたいのは、**公立高等学校の入試問題の過去問を分析して、定期考査の改善に役立てる**ことです。育成を目指す資質・能力について考えているときに、入試問題の過去問を分析することはふさわしくないと感じるかもしれませんが、そうではありません。

　中学校の新学習指導要領に多様な資質・能力が記載され、それらの育成が教育目標になります。つまり、中学校段階における学習成果を測るために、今後は高等学校の**入試問題にも思考力・判断力・表現力を見る活用問題が出題されるようになる**のです。

　こうした高校入試の改革の歩みはゆっくりしたものかもしれませんが、たとえば、すでに秋田県の県立高等学校の入試問題においては、各教科で必ず1つの大問は活用問題になっています。神奈川県、広島県、鳥取県についても同様の動きが見られます。

☑ 進路保証につながるアクティブ・ラーニング

　このような流れは今後全国に必ず広がっていきますので、中学校でアクティブ・ラーニングを通して思考力・判断力・表現力を育てる授業を行うことは、生徒一人ひとりの進路保証となるのです。

　もちろん、アクティブ・ラーニングは高校入試のためのテスト対策であるといっているわけではありません。しかし、ふだんから中学校の授業でアクティブ・ラーニングによって生徒の資料活用能力や文章記述力、論理的説明力、三段階思考力などを育て、その成果を定期考査でしっかりと評価しておくことが、生徒の進路を切り開くことにつながるのであれば、それはアクティブ・ラーニングの大切な効用になるといえるのです。

☑ 採点ルーブリックの作成と活用

　中学校の先生方にもう1つおすすめしたいのは、教科書分析によってそこに記載されている活用問題の特徴を知ることです。とくに、数学科や理科、社会科の最新の教科書には活用問題が多く収録されています。また、国語科や英語科の教科書にも活用単元や活用問題といえる発展的な学習課題が豊富に掲載されるようになっています。

　こうした教科書に準拠した活用問題の類題を作ることから定期考査の改善を少しずつ始めることで、活用問題の出題から採点のあり方までを理解することに役立ててみてはいかがでしょうか。

　もちろん小学校と同様に、全国学力・学習状況調査の過去問は国立教育政策研究所のサイトから簡単にダウンロードできますので、過去問分析や正答例、誤答例の分析を通して、活用問題の評価のあり方を研究することも大切です。

　資料6-3、6-4に、定期考査に活用問題を入れたときに利用できるルーブリックの参考例をあげておきましたのでご活用ください。

資料6-3　中学校国語科の意見文で用いる活用問題採点のためのルーブリック

採点のレベル \ 採点の観点	知識・技能の活用	条件1の充足	条件2の充足
3点	意見文の書き方の学習モデルをしっかりと活用して、科学的な事実と根拠が明確な文章になっている。	字数や文頭で使うキーワード、接続詞の使い方に関する条件をしっかりと守って書いている。	問題文から引用した箇所の内容と、自分の主張点の内容が明確に関連づけられて論旨が明快である。
2点	意見文の書き方の学習モデルに沿って書かれているが、理由づけや根拠にあいまい性がある	字数やキーワードの使い方の条件は守れているが、接続詞の使い方があいまいである。	引用文と自分の主張点が明確に関連づけられていないが、論旨は明快である。
1点	意見文の書き方の学習モデルをしっかりと活用できておらず、理由づけや根拠にあいまい性がある。	条件1のカテゴリーに入る要素が十分守られていないために、主張点が不明確である。	引用文と自分の主張点との関連性が不明確であり、意見文の中の論旨が明快になっていない。

※　採点結果を、思考・判断・表現の評価の観点の得点に部分点として組み入れる。

資料6-4 中学校数学科の活用問題採点のためのルーブリック

採点の レベル ＼ 採点の観点	知識・技能の活用	条件の充足	論理的な記述
3点	既習の知識と計算技能を活用して問題解決をしていることが、思考プロセスの記述から十分読み取れる。	文章と式や図を組み合わせて、わかりやすく問題解決したプロセスと結果を記述できている。	三段階思考や論証言葉を用いて、論理的に問題解決のプロセスと結果を記述できている。
2点	既習の知識と計算技能を活用して問題解決をしているが、そのことを十分に記述できていない。	問題を解決できているが、文章と式や図を組み合わせたわかりやすい記述ができていない。	三段階思考で問題解決のプロセスと結果を記述できているが、論証言葉が使えていない。
1点	既習の知識と計算技能を活用していないので、問題が解決できていない。	文章と式や図を組み合わせて記述できていないため、問題が解決できていない。	文章記述にあいまいなところが多く、論理的な思考を明快に記述できていない。

※ 採点結果を、思考・判断・表現の評価の観点の得点に部分点として組み入れる。

学力調査B問題の選び方と授業での解決方法（小学校編）

☑ 活用問題の授業化に取り組もう

　単元テストでこれまで扱っていなかった活用問題を出す前に、類似の活用問題を授業で取り上げて解き方を学ばせておく必要があります。

　もちろんアクティブ・ラーニングを通して活用問題の解決力や解決結果に関わる論理的説明力を育てるわけですから、グループでの対話を通して考え方を教え合ったり、どの解法が「は・か・せ」（早く・簡単に・正確に）になるのかを主体的に検証し合ったりすることが大切です。

　実際には活用問題を解いたり、活用単元を扱ったりすることは、学期に各教科1回ずつほどに限定するのが現実的でしょう。

　活用問題を扱った授業は、積極的に校内で公開したり研究授業に充てたりして、「言語活動の充実」を通して「活用を図る学習活動」によるアクティブ・ラーニングのあり方を全校体制で研究してください。

　こうした本格的な授業化ではなく、4月になってからドリル形式で過去問を解くといったテスト対策は、学校教育のあり方を歪めることにつながるため望ましいことではありません。

☑ どんなB問題を選ぶとよいか

　B問題はどれも良問であるため、どれが一番ふさわしいかということはないのですが、子どもたちが興味を持ちやすく、多様な考え方や解き方が生まれ、相互検証がしやすいという観点で選ぶこともできます。

ここでは、やや古いのですが、平成20年度の全国学力・学習状況調査の算数Bから大問の5を選んでみます。この問題は、ある学校で洋平さんの6年間の身長を折れ線グラフにして表し、その特徴や他の児童4名との関連を問う問題です（資料6-5）。この中で、とくに難しいのが小問（3）です。そこでは、洋平さんとは異なる別の児童の6年間の伸長が伸びていく様子が折れ線グラフで示されていて、それが誰のものであるかを、3名の児童の身長の学年ごとの伸びを表した3つの棒グラフから1つ選んで答えるというものです。2つの形式の異なるグラフの見方を関連づけて活用する力が問われているのです。

☑ 授業での指導のコツ

　この活用問題の授業化は、大阪府堺市立浜寺小学校の森嵜章代先生（当時）が取り組みました。写真6-1から6-8（p.154-155）にあるように、次のようなスモールステップを組み、5年生で3時間を充てて行いました。小問（3）は記号選択の問題ですが、実際の授業では、答えを文章と式を組み合わせて三段階思考シートに書かせることにしました。

（1時間目）既習事項である折れ線グラフの読み取り方を想起させて小問（1）を解く
（2時間目）教師自作のコンピュータ・シミュレーション教材を子どもたちに使わせて、表と折れ線グラフ、棒グラフの3つの関連性を実感させる。その後、小問（2）を解く
（3時間目）小問（3）を提示し、自力解決の後にグループ内で各自の解法を共有させて代表者に発表させ、各解法の特徴を検討する

　試行授業の結果、子どもたちは大変集中してこの活用問題の解決に取り組みました。6種類もの個性的な解法が生まれ、どの子も自信をつけたようでした。**三段階思考法を可視化するワークシートやコンピュータ・シミュレーションという思考の可視化ツールも効果的**でした。ぜひ、各学校での追試をお願いします。

5

　洋平さんの学校では、毎年4月に身長を測っています。
保健の学習で、学年ごとの身長を次のように表にまとめました。

洋平さんの学年ごとの身長

学年（年）	1	2	3	4	5	6
身長（cm）	110	114	121	129	138	144

そして、上の表を見て、身長を下の折れ線グラフに表しました。

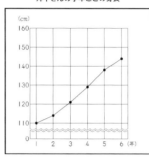
洋平さんの学年ごとの身長

(1) 洋平さんは、身長が学年ごとにどのくらいのびたのかを表で調べ、身長ののびを棒グラフに表しています。
5年生から6年生までの身長ののびは、何cmですか。答えを書きましょう。
また、**解答用紙**に棒（▨）をかいて、棒グラフを完成させましょう。
他の棒と同じように、棒の中にななめの線を入れてかきましょう。

洋平さんの学年ごとの身長

学年（年）	1	2	3	4	5	6
身長（cm）	110	114	121	129	138	144
のび（cm）		4	7	8	9	

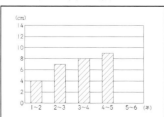
洋平さんの学年ごとの身長ののび

棒グラフの「1〜2」は「1年生から2年生まで」を表しています。

右の折れ線グラフは、洋平さんと同じ学級の京子さん、幸二さん、直美さん、健太さんの4人のうち、ある1人の身長を表しています。

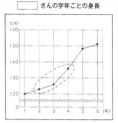

　下の棒グラフは、4人の学年ごとの身長ののびを表しています。

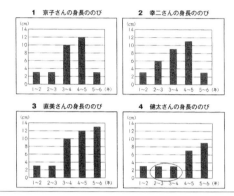

上の折れ線グラフが、だれの身長を表したものかを考えます。

(2) 洋平さんは、折れ線グラフの◯◯の部分と、棒グラフ4の◯の部分を見て、次のように言いました。

　洋平さんが、「健太さんの身長を表したものではない」とわかったのは、折れ線グラフの◯◯の部分の変わり方と棒グラフ4の◯の部分の身長ののびを比べて、どのようなちがいがあるからですか。それぞれのグラフを見て、そのちがいを、言葉や数を使って書きましょう。

(3) 上の折れ線グラフは、健太さんの身長を表したものではないことが、(2)でわかりました。
　上の折れ線グラフは、京子さん、幸二さん、直美さんの3人のうち、だれの身長を表したものですか。上の1から3までの中から、あてはまる人の身長ののびを表している棒グラフを1つ選んで、その番号を書きましょう。

出典：国立教育政策研究所「平成20年度　全国学力・学習状況調査の調査問題　小学校第6学年　算数B⑤」をもとに作成

写真6-1

折れ線グラフと棒グラフの読み方の既習事項を想起して、小問（1）を解く

写真6-2

教師自作のコンピュータ・シミュレーション教材で、表と折れ線グラフ、棒グラフの関連性を、数値を入力しながら実感する

写真6-3

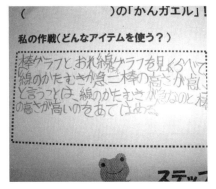

小問（2）の自力解決の場面で、ワークシートに解決の見通しを書く

写真6-4

「三段階思考シート」に、解決の思考プロセスを文章と式を組み合わせて書く

写真6-5

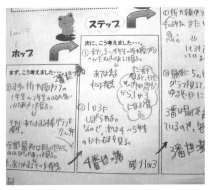

「三段階思考シート」に子どもが書いた解決の思考プロセスの例

写真6-6

グループで、それぞれの解決方法を比較してその特徴とよさを学び合う

写真6-7

それぞれの解決方法について代表者が発表している

写真6-8

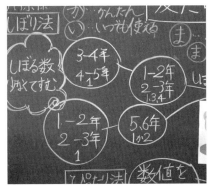

解決方法を命名して、その特徴について子どもが発表した内容を整理した板書

出典：森嵜章代「グラフを関連づけて考えよう」、田中博之編著『言葉の力を育てる活用学習』ミネルヴァ書房、2011年、pp.228-242

学力調査Ｂ問題の選び方と授業での解決方法（中学校編）

☑ 活用問題の授業化に取り組もう

　中学校では、活用学習によるアクティブ・ラーニングを実践することは全教科で可能ですが、実技系教科では定期考査のペーパーテストに活用問題を出すのは、前例がほとんどないために、難しいでしょう。

　しかし、国語科や数学科、理科ではすでに全国学力・学習状況調査のＢ問題の過去問がありますし、英語科の学力調査も2019年度に実施されますので、それらを参考にして定期考査問題を作ることは可能です。また、社会科についても、すでに2016年度から新しくなった教科書に活用問題が掲載されていますので、**教科書分析を積極的に行ってみること**をおすすめします。

☑ どんなＢ問題を選ぶとよいか

　中学校では、たとえば数学科などでは、活用問題はいわゆるこれまでの発展問題や応用問題に類似しているため、多くの生徒にとって大変難しいものです。そのため、活用問題の選定にあたっては、たとえば、**生徒による具体的な創作活動を含んだ数学的活動に意欲的に楽しく取り組めるものがよい**でしょう。

　ここでは、全国学力・学習状況調査から平成23年度の中学校数学Ｂの大問③を選んでみました。この問題は、古代ギリシャの哲学者であり数学者であるタレスが考案した、三角形の合同の定理を用いて海に浮か

ぶ船と陸にいる自分との距離を測る方法である「タレスの方法」を提示し、その方法の数学的根拠を活用して問題を解くものです。

　日常的な測量という実測活動と関連づけて、図形の証明の知識を活用して問題解決をする論理的思考力が求められています。授業化にあたっては、生徒が楽しく取り組める数学的な活動を取り入れて、たとえば、タレスがたたずんでいたエーゲ海の砂浜を学校に置き換え、自分と船の距離を学校の校舎の高さにして測量してみてはどうでしょうか。

☑ 授業での指導のコツ

　この数学科の授業は、世田谷区立砧南中学校の2年生で、3時間を充てて行われました。アクティブ・ラーニングの基本特性から見た、この授業の特徴は次のようになっています。

- 主体性　三角形の合同条件を活用して測量活動を行い、ワークシートに示された思考の3ステップに沿って校舎の高さを推論する。
- 協働性　3名から4名のグループになり、証明や測量の役割を分担し協力して数値を求める。
- 創造性　操作ボードや校舎模型を使って思考を具体化し、試行錯誤しながら知識を活用して答えを推論する。

また、この活用問題の解決に充てた3時間の流れは、以下のようになっています（次ページの写真6－9～6－16参照）。

（1時間目）タレスの方法を、平面図形を用いて理解する
（2時間目）それを校舎の立体模型に応用して測量の方法を考える
（3時間目）校舎の高さを測り、数値を推論して求め結果を判定する

　今回の実測では、長さと角度を測るために、メジャーと仰角計をグループに1つずつ配付しました。また、グループでは事前に役割を決めさせ、実測時にはすべての生徒が役割を持つようにしています。その結果、すべての生徒が自分のグループの「校舎の高さを測る方法」を理解し、学習に主体的に取り組むことができました。

写真6-9

教師によるタレスの人物紹介と「タレスの方法」の説明

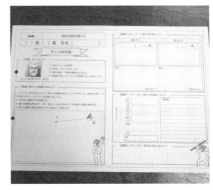

写真6-10

「タレスの方法」を理解するためのワークシート

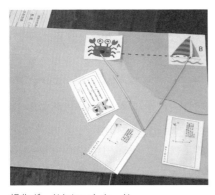

写真6-11

操作ボードとヒントカード

写真6-12

グループワークで、操作ボードとヒントカードを使って合同な2つの三角形を探している

写真6-13

封筒から本時の学習ツールを取り出している

写真6-14

箱を組み立てて校舎の模型にし、立体的に合同な2つの三角形を探している

写真6-15

実際に距離を測量している

写真6-16

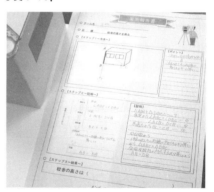

証明のためのワークシート

授業者：宮城県石巻市立石巻中学校　菅原翔太教諭
出典：田中博之著『アクティブ・ラーニング実践の手引き』教育開発研究所、2016年、pp.158-160

ルーブリック評価の結果を、評定へ算入してみよう！

☑ ルーブリック評価を評定に生かす意義

　さらにいっそうアクティブ・ラーニング（「主体的・対話的で深い学び」）の実践の充実を図るためには、ルーブリック評価の結果を評定に組み入れることが必要です。つまり、子どもたちが制作した作品や実演したパフォーマンスをルーブリックで評価し、その結果を評定につなげることで、ルーブリック評価に公的な価値を持たせるのです。

　もう少し詳しく解説すると、教師によるルーブリック評価の結果を評定に組み入れるようにすると、**子どもたちの作品やパフォーマンスの評価結果が指導要録や通知表に記載されることになり、アクティブ・ラーニングの成果と課題が公的に認定される**ことになるわけです。

　そうなると、保護者にとってはルーブリック評価の信頼性や妥当性の向上を学校に求める要望となって表れるでしょうし、児童生徒にとっては、アクティブ・ラーニングの学習成果を上げようとする意欲と集中力につながることが期待されます。教師にとっては、保護者からの要望が過度な負担にならないように配慮すれば、評価力の向上から授業力の向上へと向かう専門的力量形成のプロセスが期待されます。

☑ 評定への算入方法

　第4章で解説したように、ルーブリック評価は、評価規準という質的なものさしを使いながらも、その結果を数値で量的に表すことができる

という特徴があります。

　そこで、たとえば、12点の最高点（3点×4観点）から4点の最低点（1点×4観点）までを3つの階層に等分して、それぞれにA評価（12点～10点）、B評価（9点～7点）、C評価（6点～4点）とすることができます。そして、この結果を「思考・判断・表現」の評定結果にするのです。

　また、中学校ではルーブリックの評価結果の点数を、そのまま定期考査1回分の「思考・判断・表現」の観点の得点として、その教科の定期テストの最高点を100点からルーブリックの評価結果を引いた点数とすることもできます。たとえば、社会科で課した子どもの調査レポートのルーブリック評価の配点を10点としたとき、定期テストの最高点を90点とするのです。もちろん、定期テストの採点上は100点としておいて、後で一定の数式を用いて換算して評定に生かすこともできます。

☑「評価計画」から「評価マネジメント」へ

　このようにして、ルーブリックの評価結果を評定に算入するようにすると、教師には保護者や児童生徒に対する説明責任が生じます。つまり、①いつ、②どのような評価規準で、③何を評価対象にして、④何点を配点して、⑤どの教科のどの単元で、⑥どの学期に位置づけて、ルーブリック評価を行うのかを、あらかじめ説明しておく責任が生まれるのです。それを、保護者と児童生徒がアクティブ・ラーニングに積極的に取り組むきっかけづくりであるととらえてください。

　こうした綿密な評価の運営方針を決めて実施していくことを、**「評価マネジメント」**と呼ぶことにしましょう。それは、これまで学習指導案に記入することが求められていた「評価計画」とは異なります。単元内で行う評価的な指導のあり方を定めるだけでなく、**評定につながる多様な評価のあり方を、年間を通して立案するとともに保護者と児童生徒に説明して透明性を担保しながら実施していくことなのです。**

全国学力・学習状況調査「結果チャート」を活用しよう！

☑「結果チャート」のねらいと特徴

　アクティブ・ラーニングの取り組みを自校の学力向上に生かしていくためには、自校の学力調査の結果を視覚的にわかりやすくとらえ、それを的確に授業改善及び学校改善のために活用していく具体的な手法が必要です。そこで、筆者も委員を務める「全国的な学力調査に関する専門家会議」（文部科学省）では、「結果チャートを用いた学校の学力・運営状況診断手法の開発」と題する研究を行ってきました。

　「**結果チャート**」は、文部科学省から各学校に提供されている調査結果のCDに入っているカラーの自校診断用レーダーチャートであり、①児童生徒の教科学力調査と質問紙調査の結果を合わせて作成したもの、②児童生徒の教科学力調査と学校質問紙調査の結果を合わせて作成したもの、という2種類があります（資料6-6参照）。

　多くの学校から、「これは見やすい」「保護者にも説明と協力依頼がしやすくなった」「自校の成果と課題が一目瞭然になった」といった肯定的なご感想をいただいています。まだ見たことがないという方がいれば、ぜひ各学校に提供されている調査結果のCDに入っている、この「結果チャート」をカラー印刷してみてください。

☑「結果チャート」を用いた診断の観点と方法

　「結果チャート」の作成から授業改善及び学校経営の改善を生み出す

ためには、どのような自校診断の観点があるのでしょうか。

> ① 自校の子どもの学力と学習・生活状況の実態を、項目毎に詳細に分析するとともに、そのバランスのよさを観点として診断する。
> ② 同じ学力領域でも、複数の異なる観点の間の得意不得意の差、強みと弱みの差、さらにバランスの善し悪しについてより詳しく診断する。
> ③ 子どもの学力と学習・生活状況の実態を、そのバランスにおいてとらえることによって、学習指導や生活指導の改善案を作成する。
> ④ 同様にして、異なる観点や設問の間の全体平均値からのずれのパターンを見ることによって、子どもの学力と学習・生活実態の成果と課題をとらえる。
> ⑤ 子どもの実態だけでなく、教師や保護者、校長の総合教育力の実態を、多くの観点における回答結果から全体的・構造的にとらえることによって、自校の取り組みの成果と課題を明らかにし、そこから今後の授業改善と学校運営改善のポイントを明らかにする。
> ⑥ 子どもの学力と学習・生活状況の実態と学校の運営状況の実態とを重ね合わせて構造的にとらえることによって、今後の自校の様々なアクションプランを作成・実行する。
> ⑦ 年度間で子どもと教師が同一ではないことに配慮しながらも、各年度の調査結果を比較して、その伸びの相対的な程度とチャート・タイプから経年変化をとらえる。
> ⑧ プロフィール・タイプの発生要因が、地域の特性にあるかどうかを判断して、家庭の教育力と地域の教育力の向上をねらいとした施策を計画・実行する。

今後は、「結果チャート」による自校診断システムをより使いやすいものにして、学校での活用事例のノウハウを提供できる研究を行いたいと思います。

アクティブ・ラーニングの学習成果は、3年程度をサイクルとして学力調査の結果に反映されるでしょう。長期的な展望に立って、エビデンスに基づく授業改善を行っていただくことを期待します。

資料6-6 全国学力・学習状況調査結果チャートの例

平成26年度全国学力・学習状況調査
全国学力・学習状況調査結果チャート
○○○○●○○○○●○○○○小学校2　　　　　　　　　　　　　　　小学校調査

・以下の集計値／グラフは、4月22日に実施した調査の結果を集計した値である。
※児童質問紙は、4月22日から5月9日までに実施した調査の結果を集計した値である。
※ただし、4月22日に調査を実施していない学校については、4月23日以降5月9日までに実施した調査の結果を集計した値とする。
※チャートの詳細については、別添「調査結果に関する補足説明　全国学力・学習状況調査結果チャートについて」を参照のこと。

	児童数
平成26年度	99,902
平成25年度	99,802

［学校運営］

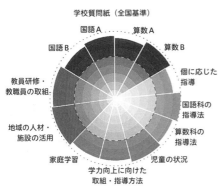

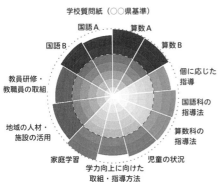

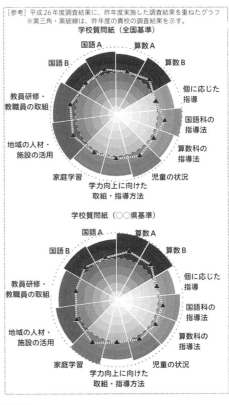

〈平成26年度調査の領域名と学校質問紙の質問番号の対応一覧表〉

領域番号		領域名	小学校学校質問紙 対応領域・項目番号
Ⅰ	1	国語A	
	2	国語B	
	3	算数A	
	4	算数B	
Ⅰ		教科学力	
Ⅱ	5	個に応じた指導	(52)～(58)
	6	国語科の指導	(59)～(64)
	7	算数科の指導	(66)～(69)
		教科指導	
Ⅲ	8	児童の状況	(15)(16)(18)～(20)
	9	学力向上に向けた取組・指導方法	(23)～(44)
	10	家庭学習	(80)～(87)
		学力向上	
Ⅳ	11	地域の人材・施設の活用	(73)～(79)
	12	教員研修・教職員の取組	(88)～(100)
		学校経営	

〈結果チャートの見方〉

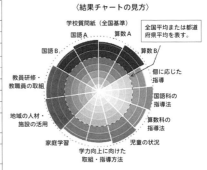

平成26年度全国学力・学習状況調査
全国学力・学習状況調査結果チャート
○○○○●○○○○●○○○○小学校2

小学校調査

・以下の集計値／グラフは、4月22日に実施した調査の結果を集計した値である。
※児童質問紙は、4月22日から5月9日までに実施した調査の結果を集計した値である。
※ただし、4月22日に調査を実施していない学校については、4月23日以降5月9日までに実施した調査の結果を集計した値とする。
※チャートの詳細については、別添「調査結果に関する補足説明　全国学力・学習状況調査結果チャートについて」を参照のこと。

	児童数
平成26年度	99,902
平成25年度	99,802

[児童生徒]

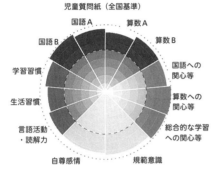

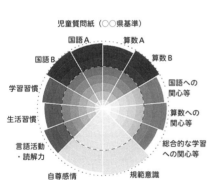

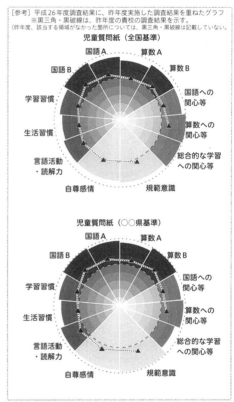

〈平成26年度調査の領域名と児童質問紙の質問番号の対応一覧表〉

領域番号		領域名	小学校児童質問紙 対応領域・項目番号
Ⅰ	1	教科学力	国語A
	2		国語B
	3		算数A
	4		算数B
Ⅱ	5	学習に対する関心・意欲・態度	国語への関心等 (50)～(58)
	6		算数への関心等 (62)～(71)
	7		総合的な学習への関心等 (39)(40)
Ⅲ	8	規範意識・自尊感情	規範意識 (34)～(38)
	9		自尊感情 (4)～(6)(10)(28)
Ⅳ	10	学習の基盤となる活動・習慣	言語活動・読解力 (7)～(9)(41)～(43)(46)～(48)
	11		生活習慣 (1)～(3)
	12		学習習慣 (21)～(24)

〈結果チャートの見方〉

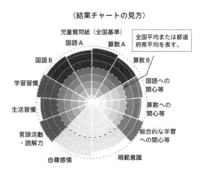

第 6 章　単元テスト・定期考査の改善と学力調査の活用はどうする？

児童生徒質問紙にある「アクティブ・ラーニング項目」はこれだ！

☑ 児童生徒質問紙にはアクティブ・ラーニング項目が入っている！

　この章ではここまでで、学力調査の結果を用いて、アクティブ・ラーニングの成果を検証・改善することをおすすめしてきましたが、もう少し詳しく、全国学力・学習状況調査の調査項目を見てみると、実は、平成28年度に実施された児童質問紙（小学校6年生）と生徒質問紙（中学校3年生）には、**子どもたちが「主体的・対話的で深い学び」にどれほど積極的に取り組んできたかを問う調査項目がすでに入っている**のです。

　児童生徒質問紙は、子どもが回答するアンケート調査ですから厳密な客観性は担保できないものの、「主体的・対話的で深い学び」の取り組み状況を多面的に問うもので、かなり正確に実態を把握することができるようになっています。ですから、そこから自校でのアクティブ・ラーニングの成果と課題が発見できます。

☑ アクティブ・ラーニング項目は、これだ！

　では、どのような項目が入っているのかを具体的に見てみましょう。
　それらは、次の5項目です（児童質問紙）。なお、生徒質問紙では、項目2と項目4にある「学級の友達」というところが、「生徒」になっています。この5項目は、中央教育審議会「答申」によるアクティブ・ラーニングの定義である、「主体的・対話的で深い学び」という特徴に沿ったものになっています。

- 項目1　授業では、先生から示される課題や、学級やグループの中で、自分たちで立てた課題に対して、自ら考え、自分から取り組んでいたと思う。
- 項目2　授業では、学級の友達との間で話し合う活動をよく行っていたと思う。
- 項目3　授業では、学級やグループの中で、自分たちで課題を立てて、その解決に向けて情報を集め、話し合いながら整理して、発表するなどの学習活動に取り組んでいたと思う。
- 項目4　授業で、学級の友達との間で話し合う活動では、話し合う内容を理解して、相手の考えを最後まで聞き、自分の考えをしっかり伝えていたと思う。
- 項目5　授業で、自分の考えを発表する機会では、自分の考えがうまく伝わるよう、資料や文章、話の組み立てなどを工夫して発表していたと思う。

☑ アクティブ・ラーニングに積極的に取り組んでいる子は学力が高い

　国立教育政策研究所による平成28年度の調査結果のクロス分析により、上記の5項目の結果と教科別学力調査の結果の関連性を見てみると、「『**主体的・対話的で深い学び**』**に積極的に取り組んだ児童生徒ほど教科学力が高い**」という結果が明らかになったのです（資料6－7参照）。

　平成28年度の全国学力・学習状況調査においては、全国の小学校6年生と中学校3年生のほぼ全員が参加したので、合計で200万人を超える子どもたちが回答した結果により、「主体的・対話的で深い学び」が教科学力と関係があることが証明されたことは注目に値します。

　したがって、今後は、「主体的・対話的で深い学び」の学校ごとの実施状況をこの全国学力・学習状況調査の結果から客観的に診断して、そこから実践の改善の方向性を見出し、「不断の授業改善」に努めることが求められているといえます。

資料6-7 平成28年度 全国学力・学習状況調査の結果
（国立教育政策研究所 平成28年度 報告書・調査結果資料より抜粋）

2-1. 主体的・対話的で深い学びの視点による学習指導の改善に向けた取組状況
（新規項目）

- 授業では、先生から示される課題や、学級やグループの中で、自分たちで立てた課題に対して、自ら考え、自分から取り組んでいたと回答している児童生徒は、「当てはまる」「どちらかといえば、当てはまる」をあわせると7割を超えており、児童生徒の学習態度として、一定の定着状況がみられる
- 児童生徒質問紙、学校質問紙とも肯定的な回答を選択した学校や児童生徒の方が、平均正答率が高い傾向にある
- 学校の回答と、対になる児童生徒質問紙の回答状況を比較してみると、学校が「児童生徒は、自らが設定する課題や教員から設定される課題を理解して授業に取り組んでいると思う」と回答をしていても、そう捉えていない児童生徒が一定の割合で存在する

小学校　　　　　　　　　　　中学校

【児童生徒質問紙】5年生まで[1、2年生のとき]に受けた授業では、先生から示される課題や、学級やグループの中で、自分たちで立てた課題に対して、自ら考え、自分から取り組んでいたと思いますか（新規項目）

回答割合

小学校: 30.8 / 47.0 / 18.1 / 3.9 / 0.1 / 0.1
中学校: 27.4 / 46.4 / 20.7 / 5.4 / 0.0 / 0.1

選択肢毎の平均正答率

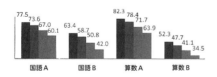

小学校
- 国語A: 77.5 / 73.6 / 67.0 / 60.1
- 国語B: 63.4 / 58.7 / 50.8 / 42.0
- 算数A: 82.3 / 78.4 / 71.7 / 63.9
- 算数B: 52.3 / 47.7 / 41.1 / 34.5

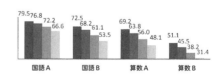

中学校
- 国語A: 79.5 / 76.8 / 72.2 / 66.6
- 国語B: 72.5 / 68.2 / 61.1 / 53.5
- 数学A: 69.2 / 63.8 / 56.0 / 48.1
- 数学B: 51.1 / 45.5 / 38.2 / 31.4

2-2. 主体的・対話的で深い学びの視点による学習指導の改善に向けた取組状況
（新規項目）

- 授業で、自分の考えを発表する機会では、自分の考えがうまく伝わるよう、資料や文章、話の組み立てなどを工夫して発表していたと回答した児童生徒は6割前後に留まり、そのような取組ができていないという児童生徒が4割弱存在する
- 児童生徒質問紙、学校質問紙とも肯定的な回答を選択した学校や児童生徒の方が、平均正答率が高い傾向にある
- 学校の回答と、対になる児童生徒質問紙の回答状況を比較してみると、学校が「児童生徒は、授業において、自らの考えがうまく伝わるよう、資料や文章、話の組立てなどを工夫して、発言や発表を行うことができていると思う」と回答をしていても、そう捉えていない児童生徒が一定の割合で存在する

小学校　　　　　　　中学校

【児童生徒質問紙】5年生まで［1、2年生のとき］に受けた授業で、自分の考えを発表する機会では、自分の考えがうまく伝わるよう、資料や文章、話の組み立てなどを工夫して発表していたと思いますか（新規項目）

回答割合

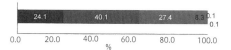

選択肢毎の平均正答率

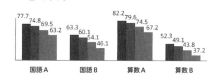
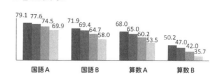

第 6 章　単元テスト・定期考査の改善と学力調査の活用はどうする？　169

おわりに

評価のアクティブ化が授業を変える！

　本書を書き終えて、私の著作リストに加えられるこの一冊は、学習評価の実践書の中でも類書のないものになったと感じています。多くの参考資料や写真をご提供くださった全国の学校や先生方に感謝申し上げます。

　これまで、「教育評価の本は理論ばかりで実践に役立つものが少ない」「具体的な評価方法について書いている本でも、すぐに使える評価ツールを具体的に記載している本はない」といった不満を、私の周りの学校の先生方からも、ふだん直接教えている早稲田大学教職大学院の学生たちからも聞いていました。

　しかし、私は評価理論の研究者ではありません。また、実際に教師として学校の教壇に立ったことも成績評価をした経験もないのです。そんな私が、学習評価の本など書けるはずがないと考えていました。

　にもかかわらず、アクティブ・ラーニング（「主体的・対話的で深い学び」）が新学習指導要領の改訂のキーワードになることがわかったときから、「評価のアクティブ化が授業を変える！」というフレーズが頭を駆け巡るようになっていました。

　たしかにアクティブ・ラーニングは、私の専門である教育方法学の研究が提案する学び方です。子どもたちを「他者と協働的に育ち合う自律的な学びの主体者」として育てることが、これからの日本の学校教育の使命になるのです。

　しかし、これまで通りの習得問題ばかりを出題するペーパーテスト中心の方法が評価・評定を占拠している状況では、先生たちも子どもたちも真剣にアクティブ・ラーニングに取り組むようにならないのではないでしょうか。そうなると、アクティブ・ラーニングの全国的な広がりも、数年でなくなってしまうかもしれません。

そうした問題意識から、教育方法学の研究者からの一提言として、この学習評価の本を書き下ろしました。ですから、教育評価の研究者が書いた本とは異なり、アクティブ・ラーニングの評価方法を活用する授業のあり方までも具体的・関連的に提言した本書は、学校の先生方にとって、授業と評価のあり方を関連づけて同時に改善するために参照できる便利なアイデアブックになっています。それが本書の強みです。

　実は、私の大学時代の恩師は、わが国の教育評価研究の第一人者である、大阪大学人間科学部の梶田叡一先生です（当時）。梶田先生から、ベンジャミン・ブルームの評価理論と「開・示・悟・入」という梶田理論を学んだことが、私の評価理論のベースを形成していることは間違いありません。また先生のご配慮で、ブルーム教授の退官記念講演会に出席し、直接ブルーム教授とそのお弟子さんたちから学ぶ機会を与えていただいたことに、今も深く感謝しています。

　本書は学校の先生方のための実用書として著しましたが、いつか恩師のような豊かなバランスの取れた実践を生み出すことができる、優れた教育評価理論が構築できるよう、今後とも精進していきたいと思います。

　最後に、ペーパーテストだけでなく、作品評価やパフォーマンス評価を取り入れるとともに、そこにルーブリックを活用して多面的・多角的な評価を行うことをこれからの学習評価では大切にしたいものです。そのことを通して、日本の子どもたちに、将来生きて働く力としての多様な資質・能力を育てていきましょう。

　「評価のアクティブ化が授業を変える！」

　このキーフレーズで、各学校が「評価マネジメント」を動かし、21世紀に必要な資質・能力を育てる学校へ生まれ変わっていただけることを切に願っています。

早春に筆者記す

掲載写真提供一覧

　本書に掲載した実践の写真や資料は、以下の学校及び先生方からご提供いただきました。記して感謝申し上げます。ありがとうございました。

【学校】
　京都府京都市立御所南小学校
　大阪府堺市立浜寺小学校
　大阪府門真市立上野口小学校
　兵庫県神戸市立多井畑小学校
　高知県高知市立旭東小学校
　熊本県山鹿市立菊鹿小学校

【先生方】
　宮城県石巻市立石巻中学校　　　　　　菅原　翔太　先生
　東京都台東区立上野小学校　　　　　　岡田　恵　先生
　東京都大田区立大森第二中学校　　　　中村　梓　先生
　東京都世田谷区立砧南中学校　　　　　菅原　亮　先生
　石川県小松市立芦城中学校　　　　　　辻　研一郎・泉　栄之進　先生
　山梨県山梨市立日川小学校　　　　　　行田　玲子　先生
　愛知県尾張旭市立白鳳小学校　　　　　白木　圭　先生
　愛知県尾張旭市立旭中学校　　　　　　寺田　泰次郎　先生
　大阪成蹊大学　　　　　　　　　　　　橋本　隆公　先生
　大阪府大阪市立野中小学校　　　　　　木村　雅子　先生
　堺市教育センター　　　　　　　　　　森嵜　章代　先生
　兵庫県伊丹市立瑞穂小学校　　　　　　植松　佰代　先生
　兵庫県西脇市立重春小学校　　　　　　竹本　晋也　先生
　鳥取県鳥取市立千代南中学校　　　　　藤原　悟　先生
　広島県銀河学院中・高等学校　　　　　飛田　美智子　先生
　香川県綾川町立陶小学校　　　　　　　中田　ゆきの　先生
　福岡県古賀市立古賀西小学校　　　　　白木　聖子・西田　智美　先生

　　※　授業実践当時の所属を含む
　　※　総務省　全国地方公共団体コードの順による

参考文献一覧

田中博之著『総合的な学習で育てる実践スキル30』明治図書出版、2000年
田中博之著『学級力が育つワークショップ学習のすすめ』金子書房、2010年
田中博之編著『言葉の力を育てる活用学習』ミネルヴァ書房、2011年
田中博之著『カリキュラム編成論』NHK出版、2013年
田中博之著『アクティブ・ラーニング実践の手引き』教育開発研究所、2016年
田中博之編著『学級力向上プロジェクト3』金子書房、2016年
田中博之編著『アクティブ・ラーニングが絶対成功する！ 小・中学校の家庭学習アイデアブック』明治図書出版、2017年

※　刊行順

著者紹介

田中 博之（たなか・ひろゆき）

早稲田大学教職大学院　教授
専門は、教育工学および教育方法学。
文部科学省「全国的な学力調査に関する専門家会議」委員（2007年～）
1960年北九州市生まれ。大阪大学人間科学部卒業後、大阪大学大学院人間科学研究科博士後期課程在学中に大阪大学人間科学部助手となり、その後大阪教育大学教授を経て、2009年4月より現職。1996年及び2005年に文部科学省長期在外研究員制度によりロンドン大学キングズカレッジ教育研究センター客員研究員を務める（マーガレット・コックス博士に師事）。
研究活動として、学級力向上プロジェクトのカリキュラム開発、道徳ワークショップの指導法の開発、アクティブ・ラーニングの授業開発、学力調査の開発研究等、これからの21世紀の学校に求められる新しい教育手法を作り出していく先進的な研究に従事。

◆著書
『総合的な学習で育てる実践スキル30』明治図書出版、2000年（単著）
『講座 総合的学習のカリキュラムデザイン（全6巻）』明治図書出版、2002年（編著）
『フィンランド・メソッドの学力革命』明治図書出版、2008年（単著）
『子どもの総合学力を育てる』ミネルヴァ書房、2009年（単著）
『ケータイ社会と子どもの未来』メディアイランド、2009年（編著）
『フィンランド・メソッド超「読解力」』経済界、2010年（単著）
『学級力が育つワークショップ学習のすすめ』金子書房、2010年（単著）
『言葉の力を育てる活用学習』ミネルヴァ書房、2011年（編著）
『カリキュラム編成論』NHK出版、2013年（単著）
『アクティブ・ラーニング実践の手引き』教育開発研究所、2016年（単著）
『学級力向上プロジェクト3』金子書房、2016年（編著）
『アクティブ・ラーニングが絶対成功する！　小・中学校の家庭学習アイデアブック』明治図書出版、2017年（編著）

ほか多数。

メールアドレス：hiroyuki@waseda.jp

実践事例でわかる！
アクティブ・ラーニングの学習評価

2017年3月21日　初版発行

著　者	田中　博之（たなか　ひろゆき）
発行者	佐久間重嘉
発行所	学　陽　書　房
	〒102-0072　東京都千代田区飯田橋1-9-3
営業部	TEL 03-3261-1111／FAX 03-5211-3300
編集部	TEL 03-3261-1112
	振替口座　00170-4-84240
	http://www.gakuyo.co.jp/

ブックデザイン／スタジオダンク　DTP制作／越海辰夫
印刷・製本／三省堂印刷

Ⓒ Hiroyuki Tanaka 2017, Printed in Japan　ISBN 978-4-313-65334-4 C0037
乱丁・落丁本は、送料小社負担にてお取り替えいたします。
JCOPY〈出版社著作権管理機構　委託出版物〉
本書の無断複製は著作権法上での例外を除き禁じられています。複製される場合は、そのつど事前に、出版社著作権管理機構（電話 03-3513-6969、FAX03-3513-6979、e-mail: info@jcopy.or.jp）の許諾を得てください。

全3冊〈低・中・高〉の総計2600文例以上!!

子どもの成長をしっかり伝える
通知表所見の文例&ポイント解説

小学校 **低学年** ／ 小学校 **中学年** ／ 小学校 **高学年**

各 本体1800円+税

中央教育審議会元副会長 **梶田 叡一**　中央教育審議会専門委員 **古川 治**［編著］

本書の特色

解説編
○「避けたい表現」などの配慮ポイントがわかる!
○各学年の特徴の解説が評価する上で参考になる!

文例編
○総合所見欄の文例が豊富で、記入の参考になる!
○子どもの姿のイメージから探せる「索引」が便利!

通知表・子どもの評価についての わかりやすい解説と、 通知表所見の文例を豊富に掲載した本!

- ●子どもの成長をしっかり伝える 通知表所見の文例&ポイント解説 小学校低学年
  定価=本体1800円+税　Ａ５判／並製／160頁　ISBN:978-4-313-65245-3
- ●子どもの成長をしっかり伝える 通知表所見の文例&ポイント解説 小学校中学年
  定価=本体1800円+税　Ａ５判／並製／164頁　ISBN:978-4-313-65259-0
- ●子どもの成長をしっかり伝える 通知表所見の文例&ポイント解説 小学校高学年
  定価=本体1800円+税　Ａ５判／並製／172頁　ISBN:978-4-313-65260-6

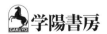
学陽書房